9 789369 084418

Printed at Repro India Ltd.

دین، عقیدہ اور انسانی عقل

علامہ ناصر الدین البانی

Deen Aqeedah aur Insani Aql

by: Nasir uddin Albani

Edition: August '2025

Publisher :

Taemeer Publications LLC (Michigan, USA / Hyderabad, India)

ISBN 978-93-6908-441-8

9 789369 084418

کتاب	:	**دین، عقیدہ اور انسانی عقل**
مصنف	:	علامہ **ناصر الدین البانی**
صنف	:	مذہب
ناشر	:	تعمیر پبلی کیشنز (حیدرآباد، انڈیا)
سالِ اشاعت	:	۲۰۲۵ء
صفحات	:	۳۶
سرورق ڈیزائن	:	تعمیر ویب ڈیزائن

فہرست

از قلم:
عبدالعظیم عمری مدنی (تمل ناڈو)

محدث عصر علامہ ناصر الدین البانی

محدث العصر علامہ ناصر الدین ؒ کے انتقال پر مکمل دس مہینے گذر چکے ہیں۔مگر آپ کی جدائی کا غم دلوں میں ابھی تک تازہ ہے۔آپ کی وفات کا حادثہ اس حیثیت سے بھی بڑا المناک تھا کہ اس سے پانچ ماہ قبل سماحۃ الشیخ العلامہ عبدالعزیز بن عبداللہ بن بازؒ کی وفات نے امت کے جسم وجاں کو نڈھال کر رکھا تھا۔پھر اس مختصر مدت کے بعد محدث العصر البانیؒ کا سفر آخرت امت کے لئے بڑا صبر آزما ثابت ہوا۔جب ابن باز کی وفات ہوئی تھی اور آنسو رو کے نہیں جا رہے تھے تو لوگوں نے البانیؒ کو اپنے درمیان دیکھ کر اپنی تسکین کا سامان کیا تھا مگر امید کا یہ سہارا بھی زیادہ دن قائم نہ رہ سکا ؎

بشر پہلو میں دل رکھتا ہے جب تک
اسے دنیا کا غم سہنا پڑے گا

ویسے سال گذشتہ عالم اسلام کے بہت سے نامور علماء ہم سے رخصت ہوگئے۔رحمہم اللہ۔مگر علمی گہرائی، حق گوئی وبے باکی، ظاہر وباطن کی یکسانیت اور علم وعمل میں منہج سلف کی کامل تطبیق میں ابن باز والبانی کا مقام بہت اعلی وارفع رہا۔

ابن بازؒ کی شخصیت پہ بہت کچھ لکھا گیا، عالم اسلام کے بہت سارے مجلّات نے اپنے خصوصی نمبر بھی نکالے اور ابن بازؒ کی خدمات کو داد تحسین پیش کیا، اور جب البانیؒ کا انتقال ہوا تو عرب ممالک میں آپ کے تعلق سے بھی بہت کچھ لکھا گیا اور بعض مجلّات نے اپنے خصوصی نمبر بھی نکالے مگر عجم میں بات کچھ اور ہی تھی! یہی عجمی رسائل جنہوں نے ابن بازؒ کے تعلق سے تفصیلی مضامین شائع کئے تھے یا اپنے خصوصی نمبر نکالے تھے، البانیؒ کی وفات پر خاموش نظر آئے یا کچھ لکھا بھی تو بس ایسا تھا جو'' لا یسمن و لا یغنی من جوع '' کا مصداق تھا، حالانکہ البانیؒ کی علمی خدمات کے تعلق سے ابن باز سے زیادہ البانی پر لکھا جا سکتا تھا۔اس کی بنیادی وجہ غالبا یہ ہو کہ البانی کا خصوصی نمبر للہ فی اللہ نکالنا پڑتا۔اس سے کوئی مادی فائدہ حاصل ہونے والا نہ تھا جب کہ ابن بازؒ کے سلسلے میں خصوصی نمبر نکالنے کی صورت میں بہت سارے مادی اغراض پوشیدہ تھے اسی لئے ایسے بعض مجلّات نے اپنے خصوصی نمبر میں اپنے اپنے ملک کے سعودی سفارت خانوں کی تصدیق بھی تاثرات کی شکل میں پیش کر کے اپنی ہمدردی کا اظہار کیا تھا۔

دوسری اہم وجہ یہ تھی کہ عجم میں شیخ البانیؒ کا سچا تعارف نہ ہونے کے سبب آپ کے تعلق سے لوگوں کے ذہنوں میں بہت ساری غلط فہمیاں پائی جاتی ہیں، لوگ آپ کو طرح طرح کے القاب سے یاد کرتے ہیں، آپ کی شخصیت پر طعنے کسے جاتے ہیں بلکہ بہت سوں کو آپ کا نام تک سننا گوارہ نہیں ہے۔

یہ ہماری بدقسمتی اور احسان فراموشی ہے کہ سلف صالحین سے محبت کا دم تو ہم بھرتے ہیں مگر شیخ البانی جیسے نمونۂ سلف شخصیت کی قدر وقیمت کو جاننا تو درکنار، انہیں ہدف ملامت بنانے اور اپنے نامۂ اعمال کو سیاہ کرنے میں مصروف ہیں!

افسوس کہ البانی کی شخصیت اور البانی کی اہمیت کو ہندوستان پوری طرح جان نہیں سکا جہاں برسوں سے علوم حدیث کی کساد بازاری کا غلبہ ہے۔البانیؒ کی شخصیت اور البانیؒ کی اہمیت عالم اسلام کی یونیورسٹیوں کے ان عظیم اسکالرس سے پوچھئے جو اپنے فن میں یکتا رہتے ہوئے بھی خود کو البانی کے آگے طفل مکتب تصور کرتے ہیں!

البانی عصر حاضر کے محدث بے مثال تھے' بلند پایہ محقق تھے' علم وعمل میں خیر القرون کا نمونہ تھے اہل سنت کی آنکھوں کی ٹھنڈک اور اہل بدعت کے حلق کا کانٹا تھے اور اخبار'' الشرق الاوسط '' کے الفاظ میں علم حدیث میں بیسویں صدی کا معجزہ تھے!

شیخ البانی کی عظیم شخصیت اور آپ کے عظیم کارناموں کا مختصر سا خاکہ اس مضمون میں پیش کیا جارہا ہے چونکہ آپ کی زندگی صبر سے عبارت تھی' اس لئے آپ کی زندگی کو پڑھنے کے لئے بھی بڑا صبر درکار ہے' امید کہ اہل نظر شیخ کا صحیح تعارف حاصل کرتے ہوئے شیخ کے تعلق سے اپنے موقف کے صحیح یا غلط ہونے کا فیصلہ کریں گے۔

شیخ البانیؒ بچپن سے پچپن تک

ولادت اور ارض شام کی ھجرت : آپ کا نام محمد ناصر الدین بن نوح نجاتی ہے' ابو عبدالرحمٰن آپ کی کنیت ہے۔البانیا کے پایۂ تخت اشقودرہ میں ۱۳۳۲ھ مطابق ۱۹۱۴ء میں آپ کی ولادت ہوئی ' زندگی کی نومنزلیں آپ نے البانیا ہی میں طئے کیں اور اسی کی طرف منسوب ہو کر البانی کہلائے۔آپ کے والد صاحب ذی علم شخصیت کے مالک تھے اور مسلک حنفی کے معروف فقہا میں سے تھے۔جب البانیا میں شیوعی انقلاب آیا اور حکام نے مغربی تہذیب کی تقلید لازمی قرار دی تو اپنے دین وایمان کی حفاظت کی خاطر آپ کے والد صاحب نے مع اہل خانہ ہجرت کا ارادہ کرلیا۔

ہجرت کے لئے ارض شام کا انتخاب کیا کیونکہ احادیث میں وہاں سکونت اختیار کرنے کی بڑی فضیلت آئی ہے۔چنانچہ بحری راستے سے بیروت ہوتے ہوئے آپ مع اہل خانہ دمشق پہنچے' اس امید کے ساتھ کہ ہوسکتا ہے کہ قیام شام سے دنیا وآخرت میں ان کی قسمت چمک اٹھے انہیں یہ نہیں معلوم تھا کہ ارض شام کی قسمت کو چمکانے والا بچہ خود انہی کی گود میں پل رہا ہے۔

تعلیم و تربیت : دمشق پہنچے تو شیخ البانی کی عمر نو سال تھی' نو سال کی اس عمر تک آپ مطلق عربی زبان نہ جانتے تھے لیکن آپ کو فطری طور پر عربی زبان سے لگاؤ اور تعلق تھا اس لئے بہت جلدی عربی زبان سیکھ لی اور آگے چل کر عربی زبان میں اتنا ملکہ پیدا کرلیا کہ بڑے بڑے عربی داں بھی آپ کی زبان اور انداز بیان سے مسحور ہوئے بغیر نہ رہ سکے تھے۔

ابتدائی تعلیم دمشق ہی کے کسی سرکاری اسکول میں حاصل کی اور بہت تھوڑی مدت میں اپنا لوہا منوالیا۔اساتذہ کو آپ کی تعلیمی لیاقت پر اتنا اعتماد تھا کہ سوال وجواب میں ہمیشہ آپ کی باری اس وقت آیا کرتی تھی جب سارے طلبہ جواب دینے سے عاجز اور قاصر ہوتے۔

سرکاری تعلیم کے علاوہ گھر میں خود والد صاحب بھی آپ کی تعلیم وتربیت کا بڑا اہتمام کرتے اور ابتدا ہی سے آپ کو فقہ حنفی کی تعلیم دیا کرتے تھے ادھر شیخ کا اپنا ذاتی مطالعہ بھی جاری رہتا جہاں کہیں کوئی مسئلہ حدیث کے خلاف پاتے تو اپنے والد سے مناقشہ کرنے لگتے اور اطمینان بخش

جواب نہ ملنے کی صورت میں حدیث پر عمل کرنے سے کوئی چیز انہیں روک نہیں سکتی تھی۔

گھڑی سازی کا پیشہ : گذر معاش کے لئے البانی صاحب نے پہلے تو چند دن تک کے لئے بڑھئی کا پیشہ اختیار کیا مگر بعد میں آپ کے والد صاحب نے آپ کو گھڑی سازی سکھادی اور یہی پیشہ زندگی بھر گذر معاش کا ذریعہ تھا۔ شیخ البانی ماہر گھڑی ساز تھے اور اس پیشے کی بہت زیادہ تعریف کیا کرتے تھے کیونکہ یہ آزاد پیشہ تھا جو آپ کی علمی مصروفیتوں میں کبھی رکاوٹ نہ بنتا تھا اسی لئے آپ کہا کرتے تھے کہ میرے والد صاحب کے مجھ پر دو بڑے احسان ہیں پہلا یہ کہ آپ مجھے البانیا کے لادینی ماحول سے بچا کر ارض شام کی طرف لے آئے' دوسرا یہ کہ آپ نے مجھے گھڑی سازی جیسا آزاد پیشہ سکھایا۔

علم حدیث کی طرف توجہ : شیخ کی علم حدیث کی طرف توجہ کا اصل محرک علامہ رشید رضا کا مجلّہ ''المنار'' تھا (واقعہ مشہور ہونے کی وجہ سے تفصیل کی ضرورت محسوس نہیں کی گئی)۔ بعد میں شیخ کی ذاتی دلچسپی نے اس میدان میں آپ کے قدم جمادیئے۔ جب بھی کوئی حدیث آپ کی نظر سے گذرتی تو خود اس کی تخریج کرتے اور اس کا درجہ معلوم کرنے کی کوشش کرتے' شیخ کے شاگرد محمد بن بدیع موسی کہتے ہیں شیخ نے مجھ سے کہا پہلی حدیث جس کی تخریج انہوں نے کی تھی وہ یہ تھی'' دعو االناس فی غفلاتھم یرزق بعضھم من بعض ''۔

شیخ کے والد کو شیخ کا حدیث کی طرف یہ رجحان پسند نہ تھا۔ شیخ کو کتب حدیث میں مشغول دیکھ کر وہ کہا کرتے تھے کہ ''علم حدیث مفلسوں کا پیشہ ہے'' تاہم شیخ کی ثابت قدمی میں ذرہ برابر بھی لغزش نہ آئی کیونکہ آگے چل کر اللہ تعالی کو آپ سے بہت بڑا کام لینا تھا۔

شیخ کی استقامت اور گھر سے جدائی : علم حدیث کی طرف آپ کی توجہ کا لازمی نتیجہ تھا کہ آپ کے علمی رجحان کا اثر آپ کی عملی زندگی پر ضرور پڑتا چنانچہ عنفوان شباب ہی سے شیخ کے اندر عمل بالا حادیث کا عجیب وغریب جذبہ تھا حتیٰ کہ اسی بنیاد پر گھر سے جدا بھی ہو گئے۔ ہوا یہ کہ دمشق میں جامع التوبۃ نامی ایک مسجد تھی جس میں ہر نماز میں دو دو جماعتیں ہوا کرتی تھیں۔ پہلے اول وقت میں شوافع اپنے شافعی امام کی اقتداء میں نماز پڑھتے پھر تھوڑی دیر بعد احناف اپنے حنفی امام کی اقتداء میں باجماعت جماز ادا کرتے اور یہ حنفی امام خود شیخ البانی کے والد نوح نجاتی تھے۔ ایک ہی مسجد میں دو جماعتیں' یہ بات البانی صاحب کو اچھی نہیں لگی' آپ نے مسئلہ کا علمی جائزہ لینے کے بعد شوافع کے ساتھ نماز پڑھنے کا فیصلہ کیا جو کہ حدیث کے مطابق اول وقت میں نماز پڑھا کرتے تھے۔ شیخ کے اس موقف سے آپ کے والد صاحب پر قیامت گذرتی تھی لیکن صبر کرتے ہوئے خاموش رہ جاتے۔ ایک مرتبہ ایسا ہوا کہ آپ کے والد صاحب کو کہیں کا سفر در پیش ہوا انہوں نے البانی صاحب سے کہا کہ میرے واپس آنے تک میری غیر حاضری میں امامت کے فرائض انجام دیتے رہو۔ البانی صاحب نے معذرت پیش کردی۔ والد صاحب سمجھ گئے کہ البانی نے کیوں معذرت پیش کی۔ آخر کار مجبور ہو کر ایک مرتبہ البانی صاحب کو بلا بھیجا اور فیصلہ کن گفتگو کرتے ہوئے کہا کہ مجھے معلوم ہوا کہ تم نے اپنا مسلک بدل لیا ہے لہذا بہتر ہے کہ اپنے فیصلہ پر نظر ثانی کرو ورنہ میرے گھر میں رہنے کی ضرورت نہیں! البانی نے حق کی خاطر اپنے گھر سے جدائی اختیار کر لی۔ جس کی قسمت میں تحقیق کی بلندیاں لکھی ہوئی ہوں وہ تقلید جامد کی پستیوں سے کب اور کیوں راضی ہوتا؟ نبئونی بعلم ان کنتم صادقین۔

دمشق ہی میں ایک اور مسجد ''الجامع الاموی''، تھی جس میں کچھ قبریں تھیں۔ شیخ البانی کبھی کبھی اس میں نماز پڑھ لیا کرتے تھے مگر احادیث میں اس قسم کی مساجد میں نماز پڑھنے سے ممانعت دیکھ کر آپ نے اس میں نماز پڑھنا ہی چھوڑ دیا اور عام مسلمانوں کو بھی روکتے ہوئے

اپنی پہلی کتاب '' تحذیر المساجد من اتخاذ القبور مساجد ''، لکھی' اب تو معاشرہ اور سماج بھی آپ کا مخالف ہو گیا مگر مخالفت کی پرواہ کئے بغیر آپ پیہم جدوجہد کرتے رہے۔

ابتداء ہی سے شیخ البانیؒ کے اس جذبہ اتباع سنت' استقامت فی الدین اور صبر وضبط کو دیکھ کر حیرت ہوتی ہے۔ حقیقت یہ ہے کہ جب اللہ تعالی کسی سے اپنے دین کی کوئی خدمت لینا چاہتا ہے تو خود ہی اس کے اسباب بھی فراہم کر دیتا ہے اور یقین محکم اور عمل پیہم کے جوہر سے اسے آشنا کر کے فاتح عالم بنا دیتا ہے۔

اب آیئے دیکھیں کہ البانیؒ نے کس طرح اپنے علم وفن سے دلوں کی دنیا کو فتح کیا۔

شیخ البانیؒ اپنی خدمات کے آئینے میں

شیخ البانیؒ کی خدمات کو ہم دو حصوں میں تقسیم کر سکتے ہیں۔ پہلی قسم آپ کی ان خدمات کی ہے جو حدیث اور علوم حدیث سے متعلق ہیں اور دوسری قسم ان خدمات کی ہے جو اسلامی عقیدہ اور منہج سلف کے احیاء سے متعلق ہیں۔ ذیل میں مذکورہ بالا دونوں قسم کی خدمات کا مختصر سا خاکہ پیش کیا جا رہا ہے۔

البانیؒ کی محدثانہ شان : شیخ البانیؒ کو دنیا ایک محدث کی حیثیت سے جانتی ہے' دوست اور دشمن سب آپ کو اس حیثیت سے تسلیم کرتے ہیں۔ آپ کی شخصیت محدثانہ صفات کی صرف حامل ہی نہیں بلکہ ان صفات میں کامل بھی تھی۔ حدیث کی خدمت میں آپ کا کردار محدثین سلف کے کردار سے کچھ کم نہ تھا۔ آپ نے علم حدیث سے قلبی لگاؤ' صحیح وضعیف کی پرکھ' کتب احادیث میں محویت اور احادیث سے مسائل کے استنباط میں محدثین سلف کی یاد تازہ کر دی۔ اس وقت شاید کسی کے خواب وخیال میں بھی یہ بات نہ رہی ہوگی کہ پندرھویں صدی کے اس بعید از سلف دور میں بھی البانیؒ جیسا خادم حدیث' ضعیف وصحیح کی پہچان اور علوم حدیث میں دقیق نظر رکھنے والا عظیم محدث پیدا ہوگا۔ اسی لئے ہم دیکھتے ہیں کہ ابن الصلاح کی یہ رائے کہ '' متاخرین کو تصحیح وتضعیف کا حق نہ دیا جائے' بلکہ متقدمین کے احکام پر اعتماد کرتے ہوئے ہی تصحیح وتضعیف کا باب ہمیشہ کے لئے بند کر دیا جائے'' کیونکہ فن حدیث کے سلسلے میں یہ روایت رہی ہے کہ اس فن میں ہر جانے والا شخص آنے والے سے بہتر ہوتا تھا' اسی اصول کے تحت جب ابن الصلاح کے دور میں لوگوں کے اندر صحیح وضعیف کی پرکھ باقی نہ رہی تو انہوں نے اس خیال کا اظہار کیا تھا کہ '' اب تصحیح و تضعیف کا دروازہ ہمیشہ کے لئے بند کر دیا جائے''۔

ابن الصلاح کی یہ رائے ایک انسانی فیصلہ تھا' مگر خدائی فیصلہ کچھ اور ہی تھا۔ قدرت کا اصول یہی ہے کہ جب اللہ تعالی کو اپنے دین کی حفاظت مقصود ہوتی ہے تو وہ ایسے حیرت انگیز طریقوں سے اس کی حفاظت کے اسباب فراہم کرتا ہے کہ انسانی عقل حیران وششدر رہ جاتی ہے۔ یہاں بات ایسی ہی ہے کہ جب ضعیف اور موضوع روایات کا چلن حد سے زیادہ ہو گیا اور اللہ تعالی کو اپنے نبی کی سنت کی حفاظت مقصود ہوئی تو اس نے پندرہویں صدی کے اس بعید از سلف دور میں البانیؒ جیسے محدث کو پیدا کیا جس نے '' ہر جانے والا آنے والے سے بہتر'' کے اس انسانی اصول کو توڑتے ہوئے یہ ثابت کر دیا کہ '' جب اللہ کو اپنے دین کی حفاظت مقصود ہو تو کوئی آنے والا ایسا بھی ہوتا ہے جو بہت سے جانے والوں سے بہتر ہوتا ہے''!

حیرت ہوتی ہے پندرہویں صدی کے اس محدث کی وسعت علمی پر کہ جس حدیث کو تیسری اور چوتھی صدی کے علماء فرد اور غریب قرار دیتے ہیں، پندرہویں صدی کا یہ محدث اس حدیث کے لئے چار چار متابعات اور شواہد پیش کرتے ہوئے صدیوں کے اس فیصلے کو توڑ دیتا ہے کہ یہ حدیث غریب اور فرد ہے! مثلاً سنن ابی داؤد کی حدیث ہے'' کسر عظم المیت ککسرہ حیا ''اس حدیث کو ابن عدی یا ابن ابی حاتم نے غریب فرد قرار دیا ہے اور علت یہ بتائی کہ اس کا ایک راوی سعد بن سعید اس کو روایت کرنے میں منفرد ہے۔ جبکہ شیخ البانیؒ نے اس کے لئے چار متابعات پیش کی ہیں جن میں سے ایک خود مذکورہ راوی کے بھائی یحی بن سعید کی روایت ہے۔

کتب احادیث میں محویت اور جہد مسلسل میں بھی محدثین سلف کی مثال تھے۔ بارہ بارہ گھنٹے ایک ہی جگہ بیٹھے احادیث کی تحقیق وتخریج میں مصروف رہتے اور اس بیچ نماز اور ضروریات کے علاوہ کوئی اور وقفہ نہ ہوتا۔ کتب احادیث میں محویت کا یہ عالم کہ لائبریری میں سیڑھی پر کھڑے اوپر رکھی ہوئی کتابوں کی تلاشی لیتے اور مطلوبہ کتاب ملنے پر سیڑھی پر کھڑے ورق گردانی کرتے ہوئے تین تین اور چار چار گھنٹے گذار دیتے اور انہیں یہ تک خبر نہ ہوتی کہ کتنی دیر میں سیڑھی پر کھڑا رہا۔

علمی دنیا میں شیخ البانیؒ کا مقام اور مرتبہ : عصر حاضر میں بہت سارے لوگوں نے علم حدیث کی خدمت کی ہے اور یہ فن بہت سارے علماء کا تخصص بھی رہا ہے، مگر البانیؒ نے جس طرز کی خدمت انجام دی ہے وہ موجودہ دور میں کسی اور کے بس کی بات نہ تھی، کیونکہ آپ نے علوم حدیث میں سب سے اعلی علم، تصحیح وتضعیف کو اپنی کوششوں کا مرکز اور محور بنایا تھا اور تصحیح وتضعیف، یہ ایسا علم ہے کہ جو دوسرے سارے علوم حدیث کی غرض وغایت ہے۔ جرح وتعدیل ہو کہ علم رجال، مصطلح الحدیث ہو کہ فن تخریج سب کی غرض وغایت حدیث کی صحت یا اس کے ضعف کا پتہ لگانا ہے اس طرح تصحیح وتضعیف کا علم ''علم الآلہ'' ہے اور دوسرے سارے علوم ''علوم الوسائل'' ہیں۔ علوم الوسائل کے خادم تو بہت مل جائیں گے مگر علم آلآلہ یعنی تصحیح وتضعیف کے خادم شذ وذ وندرت کا حکم رکھتے ہیں اور البانیؒ اسی علم الآلہ کے مرد میدان تھے !

اسی لئے شیخ ربیع بن ہادی المدخلی نے شیخ البانیؒ کی خدمات پر تبصرہ کرتے ہوئے فرمایا تھا کہ ''البانیؒ نے علم حدیث کی جو خدمت کی ہے اس سے بڑی بڑی یونیورسٹیاں عاجز ہیں، لوگوں نے کمیٹیاں تشکیل دیں کہ البانیؒ کے طرز کی خدمت وہ بھی انجام دے سکیں مگر سب کے سب ناکام اور قاصر رہے۔

ایں سعادت بزور بازو نیست تا نہ بخشد خدائے بخشندہ

توفیق الہی کے شامل حال ہونے کے بعد ایک فرد اور جماعت کی کوشش میں یہی فرق ہوتا ہے کہ جماعتیں بے شمار وسائل وذرائع رکھتے ہوئے بھی وہ کام اور کارنامہ انجام دینے سے عاجز ہوتی ہیں جو کام کہ توفیق الہی کے شامل حال ہونے پر ایک کمزور اور لاچار فرد انجام دیتا ہے۔

اللہ تعالی نے آپ کو اتنی مقبولیت عطا کی کہ آپ زندگی ہی میں دنیا بھر کے لئے علم حدیث میں مرجع بن گے اور یہ وہ نعمت ہے جو بہت کم علماء اور محققین کو حاصل ہوئی ہے۔ اسی لئے دوست اور دشمن سب کے سب آپ کی تحقیقات وتخریجات پر بڑا اعتماد کرتے تھے حتی کہ آپ کے وہ مخالفین جو محض تعصب اور تنگ نظری کی بنا پر آپ کی مخالفت کرتے آئے ہیں وہ بھی آپ کی کتابوں سے استفادے پر مجبور تھے یہ اور بات ہے کہ وہ بظاہر اس کا اعتراف نہ کرتے تھے۔ خود البانیؒ صاحب نے ایسے کئی علمی سرقوں پر گرفت کی ہے۔

میدان تصحیح وتضعیف میں البانیؒ کا عظیم کارنامہ : علمی اور تحقیقی میدان میں شیخ البانیؒ کا یہ عظیم کارنامہ ہے کہ

آپ نے علوم حدیث کے اصول وقواعد کی عملی تطبیق سے تصحیح وتضعیف احادیث پر حکم لگانے کا وہ بند دروازہ کھولا جو تقریباً حافظ ابن حجر عسقلانی (المتوفی ۸۵۲ھ) کے بعد سے بند ہی رہا اور کسی کو یہ ہمت نہ ہوسکی تھی کہ وہ محدثانہ شان سے اس میں داخل ہو۔ ابن حجرؒ کے بعد سے اب تک جو دور گذرا ہے اس میں علماء کا اہتمام سند کے بجائے زیادہ متن سے تھا' البتہ امام سخاویؒ کو اس سے مستثنیٰ کیا جاسکتا ہے' ورنہ پچھلی صدیوں میں جتنا بھی کام ہوا ہے وہ متن پر ہی ہوا ہے۔ لہذا ضرورت تھی کہ متن کی طرح اسانید پر بھی کام ہو اور اسی ضرورت کو پورا کرنے کے لئے محدث العصر علامہ محمد ناصر الدین البانیؒ نے اپنی زندگی وقف کردی تھی۔ آپ نے ضعیف اور موضوع روایات کے منفی اثرات کو واضح کرتے ہوئے احادیث کی تصحیح و تضعیف کا آغاز کیا اور اس سلسلہ میں " عودة الى السنته" کے عنوان سے مسلسل کئی مضامین آپ کے شائع ہوئے اور انہی مضامین سے دنیا والوں کے آگے آپ کا علمی تعارف ہوا' لوگوں نے بہت دلچسپی لی اور بہت سارے علماء نے آپ کی ہمت افزائی بھی کی۔ آپ نے کتب حدیث میں جو کتابیں متداول تھیں ان پر زیادہ کام کیا چنانچہ مشکوۃ المصابیح اور منار السبیل کی تحقیق وتخریج بڑے اہتمام سے کی۔ آخر الذکر کتاب کی تخریج جو کہ ارواء الغلیل کے نام سے موسوم ہے شیخ البانیؒ کی محدثانہ شان کا ایک اعلیٰ نمونہ ہے جس میں احکام سے متعلق اکثر احادیث کی تخریج ہوچکی ہے۔ اس کے علاوہ سلسلة الاحادیث الصحیحه اور سلسلته الاحادیث الضعیفه کے عنوان سے ہزاروں احادیث پر حکم لگاتے ہوئے ان کا درجہ متعین کیا اور اسی ضمن میں چاروں سنن کی تحقیق بھی ہوگئی' سنن اربعہ میں سے ہر ایک کی صحیح اور ضعیف احادیث کا الگ الگ مجموعہ تیار کیا مثلاً سنن ابن ماجہ کی صحیح احادیث کو ایک جگہ اکٹھا کر کے اس کا نام صحیح سنن ابن ماجہ رکھا اور ضعیف احادیث کو ایک جگہ اکٹھا کر کے اس کا نام ضعیف سنن ابن ماجہ رکھا۔ البانیؒ صاحب سے قبل ایک عام رواج یہ تھا کہ بخاری اور مسلم کی طرح جب سنن کی احادیث نقل کی جاتیں تو لوگ اسانید پر کلام کئے بغیر خاموش رہ جاتے حالانکہ بہت ساری حدیثیں ایسی ہیں کہ خود اصحاب سنن نے ان پر ضعف کا حکم لگایا ہے اس لئے البانی صاحب نے امت میں اس شعور کو بیدار کرنے کی کوشش کی کہ رواہ الترمذی اور رواہ النسائی کہنا کافی نہیں ہے بلکہ بسند صحیح یا بسند ضعیف کی قید بھی بے حد ضروری ہے۔

اسانید کے ساتھ ساتھ متون احادیث پر بھی بڑی گہری نظر تھی آپ کی تحریروں میں روایت ودرایت کا ایک حسین امتزاج واضح طور پر نظر آتا ہے' اسانید پر محدثانہ شان سے کلام کرتے ہیں تو متون پر فقیہانہ شان سے بحث کرتے ہیں۔ ارواء الغلیل اور سلسلۃ الاحادیث الصحیحہ اسانید و متون پر آپ کی دقت نظری کا ایک اعلیٰ نمونہ ہے۔

آج آپ کی تحقیقات اور تخریجات کو علمی دنیا میں وہ مقام اور وہ اعتماد حاصل ہے کہ جب بھی کہیں کوئی معرض الکتب لگتا ہے تو البانی صاحب کا نام جس کتاب کی بھی زینت بنا ہو وہ لمحوں میں ختم ہوجاتی ہے۔

شیخ البانیؒ اور حفاظت حدیث: البانی صاحب کی علم حدیث کی خدمت کا ایک پہلو یہ بھی ہے کہ آپ سنت نبویؐ کے محافظ اور پاسبان بنے رہے۔ فتنۂ انکار حدیث' جدید ذہن' عقل پرستی اور مستشرقین کی جانب سے حدیث اور علوم حدیث کے تعلق سے جتنے بھی شبہات پیدا کئے گئے ان سب کے علمی انداز میں جوابات دیئے' غیروں کی سازشوں کی صورت میں جو خارجی خطرات اور اپنوں کی لغزشوں کی صورت میں جو داخلی خطرات قصر سنت پر منڈلا رہے تھے' ایک ڈھال بن کر ان سب کا منہ توڑ جواب دیا' اعداء سنت کی زبانیں کاٹ دیں اور ناقدین سنت کے قلم توڑ دیئے۔ ذلت وپشیمانی کے علاوہ کوئی چیز ان کے حصے میں نہیں آئی۔

پاکستان کے کسی متعصب عالم نے مسند احمد پر بے جا اعتراضات اور شکوک وشبہات پیدا کئے' ان شکوک وشبہات کی بنیاد اس خیال پر تھی کہ مسند احمد کے راوی قطیعی نے کچھ زائد حدیثیں مسند میں داخل کی ہیں۔ چنانچہ ابن باز ؒ نے البانی صاحب کو لکھا کہ اس اعتراض کا علمی جائزہ لے کر حقیقت واضح کریں۔ اس علمی استفسار پر البانی صاحب نے موضوع کا علمی جائزہ لیا۔ پہلے تو مسند احمد کے مرتب الساعاتی کی کتاب ''الفتح الربانی '' پڑھی جبکہ خود الساعاتی کا یہ خیال تھا کہ چودہ حدیثیں قطیعی کی زیادات میں سے ہیں' لیکن تحقیق کے بعد البانی صاحب اس نتیجے پر پہنچے کہ صاحب ''الفتح الربانی '' کا یہ خیال بالکل غلط ہے کہ قطیعی نے اس میں کچھ حدیثوں کا اضافہ کیا ہے۔ پھر اطمینان کے لئے آپ نے مسند احمد پڑھنی شروع کر دی اور ایک ایک سند کی علمی تحقیق کرتے ہوئے اس نتیجہ پر پہنچے کہ قطیعی نے اس میں کوئی اضافہ نہیں کیا' پھر آپ نے اس علمی جائزہ کو کتابی شکل دے کر '' الذب الا حمد عن مسند الامام احمد '' کے نام سے شائع کیا۔ چونکہ اس متعصب عالم کے تمام شکوک وشبہات کی بنیاد یہ خیال تھا کہ قطیعی نے مسند احمد میں اضافہ کیا ہے اس لئے اس خیال کے غلط ثابت ہونے سے خود بخود تمام شکوک وشبہات بے بنیاد ہو گئے....

جو شاخ نازک پہ آشیانہ بنے گا ناپائیدار ہو گا

کم علم اور ضعیف النظر محققین کا بھی تعاقب کرتے رہے جو اپنی بے بضاعتی کے باوجود میدان تصحیح وتضعیف میں اتر کر اپنی کم علمی کا ثبوت دیتے ہیں۔ ابن عبد المنان نامی ایک ایسے کم نظر محقق نے تحقیق کے نام پر اپنی تصانیف میں بے شمار صحیح احادیث کو ضعیف اور ضعیف احادیث کو صحیح قرار دیا۔ اس کا تعاقب کرتے ہوئے آپ نے اپنی کتاب '' **النصیحته فی التحذیر من تخریب ابن عبد المنان لکتب الائمته الرجیحته و من تضعیفه لمئات الاحادیث الصحیحه** '' لکھی۔ البانی صاحب کے اس تعاقب کے بعد ابن عبد المنان نے نام بدل کر اپنی کتابیں شائع کرنی شروع کر دیں لیکن البانی صاحب کی مومنانہ فراست نے اس کا بھی ادراک کر لیا اور اپنی مذکورہ بالا کتاب میں اس نام نہاد محقق سے بچے رہنے کی تلقین کی۔

بعض اہل علم اصول حدیث کے قواعد کی تطبیق میں غلطی کر جاتے ہیں تو ان سے بڑی فاش غلطیاں سرزد ہو جاتی ہیں۔ ایسی ہی خطرناک غلطیاں دمشق کی یونیورسٹی کے ایک پروفیسر سے ہوئیں البانی صاحب نے اپنی کتاب '' آداب الزفاف '' کے حاشیہ میں اس کو بہت بری طرح لتاڑا ہے۔

حدیث اور علوم حدیث کے تحفظ کی خاطر آپ کے علمی ردود کا ایک بہترین نمونہ '' شرح العقیدة الطحاویه ''(تحقیق و تخریج) ''التنکیل بما فی تانیب الکوثری من الاباطیل ''(تخریج وتحقیق) صفة صلاة النبی ﷺ''(تالیف) اور ان جیسی بے شمار کتابوں کے مقدموں میں مل سکتا ہے جن میں شیخ نے موجودہ دور کی جانی مانی شخصیتوں کی علمی خیانتوں کا تعاقب کرتے ہوئے جامع مقالات لکھے ہیں۔ ثانی الذکر کتاب کے مقدمہ میں زاہد الکوثری پر رد کرتے ہوئے ایسی جامع بات لکھی ہے کہ دو چار لفظوں میں کوثری کی علمی خیانت کا خلاصہ پیش کر دیا ہے۔ کہتے ہیں '' کوثری صاحب جب حدیث اور علوم حدیث کی بات آتی ہے تو مجتہد مطلق بن جاتے ہیں اور جب فقہی مسائل اور احکام کی بات آتی ہے تو مقلد بن جاتے ہیں'' جن حضرات کو کوثری صاحب کی علمی خیانت کا علم ہو گا وہ جان سکتے ہیں کہ البانی صاحب کا یہ ایک جملہ کتنی جامعیت اور معنویت رکھتا ہے۔

بہر حال ایسی بے شمار مثالیں موجود ہیں کہ جب کبھی کسی نے حدیث اور علوم حدیث کے سلسلے میں شکوک وشبہات پیدا کئے، بیجا اعتراضات کئے تو البانی نے ایک ڈھال کی طرح ہمیشہ سنت کی جانب سے دفاع کیا ۔

اک ڈھال بن کے اس نے ہر ضرب ہے بچائی
جب بھی کہیں سے کوئی سنت پہ وار دیکھا

البانی اور احیاء سنت کا پیغام: شیخ البانیؒ کی علم حدیث کی خدمات کا ایک اہم پہلو یہ بھی ہے کہ حدیث سے آپ کے اس قلبی لگاؤ کا اثر خود آپ کی اور پھر دوسروں کی عملی زندگی پر پڑا۔لوگوں کے اندر اتباع سنت کا زبردست جذبہ پیدا ہوا اور نتیجہ میں کئی بھولی ہوئی سنتوں کی یاد تازہ ہوگئی اور کئی مردہ سنتیں زندہ ہوئیں۔

آپ نے سنت کی عملی تطبیق کا مثالی نمونہ پیش کیا اور مردہ سنتوں کو زندہ کر کے پندرہویں صدی میں قرون اولی کی یاد تازہ کر دی۔ آپ کی زندہ کردہ سنتوں میں سے ایک اہم سنت ''خطبة الحاجة'' کی ہے جسے آج ہم صرف خطبہ نکاح کے موقع پر پڑھا کرتے ہیں اور اسی وجہ سے اس کا نام بھی ''خطبة النکاح'' رکھ دیا ہے۔حالانکہ اس کا شرعی نام'' خطبة الحاجة '' ہے۔جو محفل نکاح کے علاوہ دروس و مواعظ اور دیگر ضرورتوں کے موقع پر پڑھا جاتا ہے۔یہ سنت تقریبا دنیا سے مٹ چکی تھی، شیخ الاسلام البانیؒ نے اس کی مشروعیت میں مستقل رسالہ لکھا اور علماء کو دعوت دی کہ وہ اپنی تحریوں اور تقریروں میں اس کا اہتمام کریں۔الحمدللہ کہ آج عرب ممالک میں پوری طرح اس کا اہتمام کیا جاتا ہے۔

عرب ممالک میں عیدین کے موقع پر نماز عید کے لئے آبادی سے باہر جانے کا رواج بہت کم ہے۔اکثر مقامات پر لوگ مساجد ہی میں نماز عید ادا کرتے ہیں بلکہ ارض شام میں تو آبادی سے باہر جانے کا تصور تک نہیں۔شیخ البانیؒ نے اس سنت کے احیاء کے لئے بھی ایک مستقل رسالہ لکھا اور خود اپنے شاگردوں کو لے کر اس کی عملی تطبیق پیش کی۔جب پہلی مرتبہ آپ نے آبادی سے باہر باجماعت نماز عید ادا کی تو آپ کے ساتھ صرف سترہ آدمی تھے اور آج الحمدللہ دمشق کی اسی عیدگاہ میں ہزاروں کا مجمع نماز عید ادا کرتا ہے۔

ماہ رمضان میں قیام اللیل کی بھی یہی بات ہے۔دنیا بھر میں مسلمان اس کا اہتمام کرتے ہیں مگر قیام اللیل کی جو اصل روح یعنی قرأت و قیام اور رکوع وسجود کا طویل ہونا، یہ اکثر لوگوں کی نمازوں میں مفقود ہے اس طرح اس کی کمیت و کیفیت کا مسنون طریقہ بھی اکثر لوگوں سے چھوٹ چکا ہے۔شیخ البانی نے قیام اللیل کی اس روح کو زندہ کرنے کے لئے بھی ایک مستقل رسالہ ''صلاۃ التراویح''، لکھی جس میں قیام رمضان کے کم وکیف کا مسنون طریقہ ذکر کیا اور خود اپنے شاگردوں کے ساتھ اس کی عملی تطبیق کرنے لگے۔شیخ کے شاگرد محمد عیدالعباسی کہتے ہیں کہ ''ہم شیخ کی اقتداء میں نماز تراویح ادا کرتے' پڑھتے تو صرف آٹھ ہی رکعت تھے مگر گھنٹوں تک یہ نماز جاری رہتی۔شیخ تضرع اور مناجات کی کیفیت میں قرأت کرتے قیام کی طرح رکوع وسجود بھی بڑے طویل ہوتے اور صحیح معنوں میں ہمیں عبادت کی لذت محسوس ہوتی۔''

ایسی بے شمار سنتیں ہیں جنہیں زندہ کر کے آپ نے سنت نبوی کی عظیم خدمت انجام دی ہے۔

فیصل اوارڈ: شیخ البانی کی انہی عظیم خدمات کو دیکھتے ہوئے ۱۴۱۹ھ مطابق ۱۹۹۹ء میں آپ کو فیصل اوارڈ دیا گیا تھا اور آپ کی

خدمات کو بہت سراہا گیا تھا۔ شیخ بنفس نفیس حاضر نہ ہو سکے تو اپنے شاگرد کو اپنی نیابت میں بھیج دیا تھا اور شیخ کی نیابت کرتے ہوئے آپ کے شاگرد نے وہ انعام حاصل کیا تھا۔

شیخ البانی کی دعوتی و اصلاحی خدمات: شیخ البانیؒ کی خدمات کا یہ دوسرا اہم پہلو ہے کہ آپ نے حدیث اور علوم حدیث کی خدمت کر کے صرف علمی کارنامہ ہی انجام نہیں دیا بلکہ لوگوں کے عقائد و اعمال کی اصلاح کر کے دعوتی اور اصلاحی میدان میں بھی بہت اونچا مقام حاصل کیا۔ ابتداء ہی سے آپ کے اندر یہ دونوں رجحانات پائے جا رہے تھے۔ اسی لئے بیس پچیس سال کی عمر میں آپ ایک طرف مکتبۂ ظاہریہ میں بیٹھے علم حدیث کی خدمت کرتے نظر آتے ہیں تو دوسری طرف اطراف و اکناف کی بستیوں کے دعوتی و اصلاحی دورے کرتے ہوئے بھی نظر آتے ہیں بلکہ خود آپ کی گھڑی سازی کی دکان بھی اصلاحی مرکز کی حیثیت رکھتی تھی جہاں آپ کے ہفتہ واری دروس ہوا کرتے تھے۔ بدعتیوں کی جانب سے جب مشکلات پیدا ہونے لگیں تو لوگ اپنی گھڑیوں کی اصلاح کا بہانہ لے کر شیخ کے دروس میں شریک ہوا کرتے تھے۔ اس طرح گھڑی سازی کی اس دکان میں شخصیت سازی بھی ہونے لگی بعد میں جب آپ کا دائرہ کار وسیع ہوا تو ملک شام کے مشہور شہر حمص، حلب، حماۃ اور ادلب وغیرہ میں بھی آپ کے دروس ہونے لگے اور جب آپ کی شخصیت عالمی سطح پر مشہور ہوئی تو آپ کی دعوت بھی عالمی اور بین الاقوامی بن گئی۔

البانی صاحب کی دعوت کا خلاصہ یہ تھا کہ امت مسلمہ کتاب و سنت کی اتباع فہم سلف کے مطابق کرے ورنہ آج اسلام کے نام پر جتنی بھی تحریکیں اور جماعتیں کام کر رہی ہیں ان سب کا یہ دعویٰ ہے کہ وہ کتاب و سنت ہی کو اپنا لائحہ عمل بنائی ہوئی ہیں۔ مگر جب فہم سلف کی بات آتی ہے تو یہ سب اس سے بہت دور نظر آتی ہیں۔ حقیقت میں فہم سلف کی یہ قید اتنی ضروری اور لازمی ہے کہ اسی سے نصوص شرعیہ کی غلط تاویل و تحریف کے دروازے بند ہوتے ہیں۔ اسی قید کے آگے موجودہ دور کی اکثر جماعتیں اور بیشتر مفکرین و محققین عاجز نظر آتے ہیں۔ گر یہ قید نہ ہو تو لوگ نصوص شرعیہ کی من مانی تاویلیں کرنے لگیں گے۔ اور بے لگام ہو کر ذاتی اغراض اور ذاتی افکار کو کتاب و سنت کی تفسیر بنا دیں گے۔

مذکورہ پیغام کو پیش کرنے کے لئے شیخ نے تحریر و تقریر دونوں کو استعمال کیا آپ کا تحریری پیغام دو سو سے زائد کتابوں میں محفوظ ہے اور آپ کا تقریری پیغام سات ہزار سے زائد کیسٹوں میں محفوظ ہے۔ ان کتابوں اور کیسٹوں میں عقائد و عبادات اور اخلاق و معاملات کا صحیح اسلامی تصور پیش کرتے ہوئے شرکیہ عقائد اور بدعیہ اعمال کی بیخ کنی کی گئی ہے۔

شیخ اپنے دروس میں اپنی دعوت کو ''تصفیہ اور تربیہ'' کے نام سے موسوم کر کے کہا کرتے تھے کہ امت کی نشاۃ ثانیہ کے لئے ان دو چیزوں کا ہونا بے حد ضروری ہے۔ تصفیہ اور تربیہ کا مطلب یہ ہے کہ عقیدہ و عبادات اور اخلاق و معاملات میں اسلام کے نام پر جو غیر شرعی رواج و رسومات اور جو غیر اسلامی تصورات مسلمانوں کے اندر پائے جا رہے ہیں، ان کا تصفیہ کیا جائے اور صحیح اسلامی اصولوں پر نئی نسل کی تربیت کی جائے۔ اسی مقصد کی خاطر شیخ البانیؒ نے سوچا کہ لوگ ضعیف و موضوع روایات کی اساس پر اپنے فاسد عقیدوں اور خرافی خیالات کی بنیاد رکھ کر اپنے دین و مذہب کی کھوکھلی عمارتیں تعمیر کر رہے ہیں تو امت کو صحیح و ضعیف اور ثابت و موضوع کی پہچان دے کر مذہب اسلام کے نام پر بنی ان ساری کھوکھلی عمارتوں کی بنیاد ہلا کر رکھ دی اور شرک و بدعت کے شجرۂ خبیثہ کی جڑیں اکھاڑ کر پھینک دیں اور حق کے

متلاشیوں سے اسلام کا صحیح تعارف کراتے ہوئے سالک راہ حق کو منزل کا صحیح پتہ دیا۔

البانی بحیثیت مناظر: اللہ تعالی نے شیخ البانیؒ کو مناظرانہ صلاحیت بھی عطا فرمائی تھی۔ اگر آپ بحیثیت محدث مشہور نہ ہوتے تو دنیا آپ کو ایک اچھے مناظر کی حیثیت سے جانتی' آپ کی جامع الکمالات شخصیت کو دیکھ کر ایسے معلوم ہوتا ہے کہ تجدید دین (اس سلسلہ میں شیخ ابن بازؒ کی شہادت آگے آئے گی۔ ان شاء اللہ تعالی) کے لئے جن صلاحیتوں اور جس علمی لیاقت وقابلیت کی ضرورت تھی وہ سب صلاحیتیں اللہ تعالی نے البانیؒ کی شخصیت میں ودیعت کردی تھیں' اسی لئے جب آپ اسانید پر بحث کرتے ہیں تو ایک عالی مقام محدث معلوم ہوتے ہیں' مسائل پر جب بحث ہوتو وسیع النظر فقیہ معلوم ہوتے ہیں۔ عقائد پر جب کلام ہوتو ایسے معلوم ہوتا ہے کہ گویا آپ اس فن کے لئے مختص ہیں' جب علمی مناقشہ ہوتو آپ ایک ماہر مناظر معلوم ہوتے ہیں۔

موجودہ دور میں شیخ البانی جس دعوت اور پیغام کو لے کر اٹھے تھے اس کے لئے فن مناظرہ میں کامل ہونا بے حد ضروری تھا۔ کیونکہ آپ کی دعوت جن اصولوں پر قائم تھی' ان میں سے ایک اہم اصول یہ بھی تھا کہ شخصیت کی میزان پر حق کی جانچ نہیں ہوگی بلکہ حق کی میزان پر شخصیت کی جانچ ہوگی۔ چنانچہ اس اصول کے تحت صوفیاء ومشائخ، مفکرین اور اصحاب مذاہب سب کے سب آپ کے آگے چیلنج بن کر آئے۔ ان سب کو مطمئن کرنے کے لئے فن مناظرہ کی اشد ضرورت تھی اور الحمدللہ کہ یہ چیز شیخ کے پاس موجود تھی۔ آپ نے قادیانیوں سے مدعیان نبوت سے' بدعتیوں سے' اصحاب نظریات سے' اصحاب مذاہب سے اور کئی طرح کے لوگوں سے بے شمار مناظرے کئے ہیں۔ لوگ مہینوں کی تیاری کے بعد آپ کے پاس آتے اور آپ لمحوں میں انہیں چپ کردیتے۔ خود آپ کے شاگرد محمد عید العباسی کہتے ہیں کہ ''جب ہمیں کسی مسئلہ میں شیخ سے اختلاف ہوتا تو ہم چند ساتھی موقف کی صحت کے لئے بے شمار دلائل جمع کرتے اور پھر آپ کے پاس پہنچتے' آپ تھوڑی ہی دیر میں ہمیں خاموش کردیتے۔'' اگر مخاطب مطمئن نہ ہوتا اور اپنے موقف پر مصر ہوتا تو گھنٹوں اس سے مناظرہ کرتے۔

عرب ممالک میں ایک فرقہ ہے جو تکفیری فرقہ کہلاتا ہے۔ یہ لوگ مسلم حکمرانوں اور مسلم معاشروں کو اپنے نقطۂ نظر سے کافر سمجھتے ہیں اور خوارج کی طرح مرتکب کبیرہ ان کی نظر میں بھی کافر ہے۔ شیخ البانیؒ نے ان لوگوں سے بھی بہت مناظرے کئے ہیں۔ شیخ کے ایک شاگرد دکتور باسم فیصل ایسے ہی ایک مناظرہ کی روداد سناتے ہوئے کہتے ہیں:

> ''میں بھی ابتداء میں تکفیری فرقہ سے منسلک تھا' ہم کچھ جوشیلے نوجوان تھے مسلم معاشرے کو جاہلی معاشرہ کہہ کر کفر کے فتوے لگانا ہمارے روزانہ کا معمول تھا۔ لوگ ہم سے تنگ آکر کہا کرتے تھے کہ شیخ البانیؒ کو آنے دو وہی تمہاری بولتی بند کرسکیں گے ! ایک مرتبہ شیخ البانیؒ دمشق سے اردن تشریف لائے جب انہیں ہماری جماعت کا پتہ چلا تو انہوں نے ہم سے بحث ومباحثہ کی خواہش ظاہر کی۔ ہم بھی ان کی دعوت پر لبیک کہتے ہوئے اپنے شیخ کے ساتھ جو کہ تکفیری فرقہ کا رئیس تھا' شیخ البانیؒ کے پاس پہنچے۔ عشاء کی نماز کا وقت تھا' اذاں دی گئی' جب نماز کا وقت آپہنچا تو البانی صاحب نے ہم سے پوچھا کہ نماز آپ پڑھائیں گے۔ میں پڑھاؤں ؟ ہم نے کہا کہ ہم تو آپ کو کافر سمجھتے ہیں اس لئے ہم ہی پڑھائیں گے۔ پھر ہمارے شیخ نے ہی امامت کی۔ نماز کے بعد گفتگو شروع ہوئی۔ ہم ایک جماعت کی شکل میں تھے اور البانی صاحب تنہا ! تقریبا رات کا آدھے سے زیادہ حصہ گذر گیا تھا اور ہم سب البانی صاحب سے مناقشہ کررہے تھے۔ البانی صاحب کی زیادہ تر گفتگو ہمارے شیخ سے ہورہی تھی حیرت تو اس بات پر ہے کہ ہم اپنی تھکان

کو دور کرنے کے لئے کبھی پیر پھیلا رہے تھے اور کبھی چل اور پھر رہے تھے۔ مگر البانی صاحب ابتداء مجلس سے انتہاء تک ایک ہی پہلو پر بیٹھے رہے۔ جب آدھی رات سے زیادہ کا وقت گذر گیا اور گفتگو کا کوئی نتیجہ نہیں نکل سکا تو ہم البانی صاحب سے اگلی رات کا وعدہ لے کر نکل گئے۔ دن بھر ہم نے البانی صاحب کے دلائل کا توڑ جمع کیا اور اپنے موقف کو ثابت کرنے کے لئے نئے نئے دلائل اکٹھا کئے۔ پھر جب رات ہوئی تو کل کی طرح پھر بیٹھک ہوئی اور گفتگو تقریباً فجر سے کچھ دیر پہلے تک جاری رہی۔ جب البانی صاحب نے ہمارے دلائل کا رد پیش کر دیا اور ہماری پونجی ختم ہوتی نظر آنے لگی تو ہم تیسری رات کا وعدہ لے کر لوٹ آئے۔ تیسری رات اتنی طویل گفتگو ہوئی کہ فجر کی اذان ہوگئی اور ہمارا یہ حال تھا کہ ہم سب شکست کھا کر اپنے موقف کے غلط ہونے کے قائل ہو گئے پھر ہم سب نے توبہ کی اور البانی صاحب کا شکر ادا کرتے ہوئے فجر کے لئے چل پڑے۔''

شیخ البانی کی مناظرانہ صلاحیت کے تعلق سے اوپر جو کچھ لکھا جا چکا ہے یہ واقعہ اس کی تصدیق کرتا ہے۔ کہا جاتا ہے کہ اس تکفیری فرقہ کا مقابلہ شیخ البانی نے جس ثبات قدمی کے ساتھ کیا ہے ایسا علمی مقابلہ اور ایسا علمی جواب کسی نے نہیں دیا ہے۔ اسی لئے اس موضوع پر آپ کی کتاب ''فتنة التكفير'' آج بھی بڑے بڑے علماء کا مرجع ہے۔

شیخ کو کسی شعبدہ باز کے متعلق پتہ چلا کہ وہ روحوں کو حاضر کرنے کا دعویٰ کرتا ہے اور بے شمار لوگ اس سے فریب کھا رہے ہیں۔ اس کی دکان کا پتہ معلوم کر کے شیخ اس کے پاس پہنچے۔ شیخ کو دیکھتے ہی اس کے چودہ طبق روشن ہو گئے اور وہ بوکھلا گیا۔ شیخ نے قریب پہنچ کر کہا' معلوم ہوا کہ تم مردوں کی روحوں کو حاضر کرتے ہو ؟ وہ شیخ کہنے لگا' جی ہاں ! شیخ نے کہا کہ ٹھیک ہے تھوڑا امام بخاری کی روح کو بلاؤ ! وہ پوچھنے لگا کہ بخاری کی روح کی کیا ضرورت ہے ؟ شیخ نے کہا کہ میں ایک حدیث کے متعلق ان سے کچھ پوچھنا چاہ رہا ہوں۔ جب اس شخص نے دیکھا کہ البانی صاحب پر اس کا جادو چلنے والا نہیں ہے تو جان چھڑانے کے لئے کہنے لگا کہ آج جتنی روحیں میں نے حاضر کی تھیں' وہ ختم ہوگئی ہیں لہٰذا آپ پیر کے دن آیئے ! چونکہ مقصود اس فتنے کا خاتمہ تھا اس لئے پیر کے دن وعدے کے مطابق شیخ البانی صاحب اس مقام پر پہنچ گئے' وہاں پہنچ کر دیکھا تو اس جگہ نہ اس کی دکان تھی اور نہ ہی اس کا مکان !جاء الحق و زهق الباطل ان الباطل كان زهوقا۔

بہر حال شیخ ایک ماہر مناظر تھے آپ بڑی دلجمعی اور ثبات قلبی کے ساتھ مناظرہ کیا کرتے۔ عینی شاہدوں کا کہنا ہے کہ بڑے بڑے علماء شیخ البانی سے مناظرہ کرتے ہوئے شیخ کے آگے طفل مکتب معلوم ہوتے تھے بلکہ بسا اوقات ہمیں ان کی حالت زار پر رحم آنے لگتا۔

البانی اور مخالفتوں کا طوفان: شیخ البانیؒ کی دعوت اور آپ کا پیغام کوئی نیا اور انوکھا پیغام نہیں تھا بلکہ وہ صدیوں کا بھولا ہوا سبق تھا مگر لوگوں کے لئے آپ کی دعوت'' الناس اعداء لما جهلوا '' کے تحت ایک اچھنبا معلوم ہونے لگی اور جنہیں آپ کے حق بجانب ہونے کا علم تھا' انہوں نے محض تعصب کی بنا آپ کی مخالفت کی۔

شیخ کے مخالفین میں ایک بڑی تعداد ان لوگوں کی تھی جنہیں البانی صاحب نے مناظروں میں بری طرح پچھاڑ دیا تھا۔ مناظروں میں اپنی شکست کی جو بھڑاس ان کے دلوں میں باقی رہ گئی تھی اس کا اظہار انہوں نے اپنی تحریروں اور تقریروں میں شیخ کی مخالفت کر کے کیا۔

بعض لوگوں نے آپ کی مخالفت کے سلسلے میں وجہ جواز پیدا کرنے کے لیے ان مسائل کو بنیاد بنایا جن میں شیخ البانیؒ اپنی منفرد رائے رکھتے ہیں۔ حالانکہ اس سے مخالفت اور طعن و تشنیع کے لیے کبھی وجہ جواز نہیں نکالی جا سکتی' کیونکہ جن جن مسائل میں شیخ اپنی منفرد رائے رکھتے ہیں تو

ان تمام مسائل میں سلف میں سے کسی نہ کسی نے وہ رائے ضرور رکھی ہے اور جب تک صحیح دلیل کی بنیاد پر ایک مجتہد اپنے کسی اجتہاد میں منفرد ہوتا ہے تو شرعی نقطۂ نظر سے اس کو برا بھلا نہیں کہا جاسکتا بلکہ اگر وہ اپنے اجتہاد میں حق بجانب نہ ہو تب بھی وہ ثواب کا مستحق ہوتا ہے۔ ورنہ علماء سلف ؒ میں کون ایسا ہے، جس نے کسی نہ کسی مسئلہ میں اپنی منفرد رائے نہ رکھی ہو' اس کے باوجود ہم ہر ایک کا نام اس احترام سے لیتے ہیں کہ ان کے نام کے ساتھ رحمتہ اللہ علیہ کا نہ آنا بھی ان کی شان میں گستاخی تصور کرتے ہیں۔ پھر کیا بات ہے کہ البانی بھی کسی مسئلے میں صحیح دلیل کی بنیاد پر اپنی منفرد رائے رکھتے ہوں تو انہیں آزاد خیال یا ایسے ہی گستاخانہ القاب سے نوازا جاتا ہے ! یہ تو انتہائی تعصب اور تنگ نظری کا ثبوت ہے۔ **ولا یجرمنکم شنآن قوم علی ان لا تعدلو ا اعدلوا هو اقرب للتقوی.**

بعض لوگوں نے مناظروں میں آپ کی سخت کلامی یا آپ کے گرم انداز تحریر کو بہانہ بنا کر آپ کی شخصیت پر کیچڑ اچھالنے کی کوشش کی ہے' حالانکہ جن لوگوں نے آپ کی تحریروں کو پڑھا ہے یا آپ کے دروس کو سنا ہے وہ بہتر جانتے ہیں کہ شیخ کا عمومی انداز سنجیدہ اور علمی ہوا کرتا تھا۔ سخت کلامی کی نوبت اس وقت پیش آتی جب مخاطب اپنے ذاتی اغراض یا اپنی ذاتی رائے کو حق ثابت کرنے کے لئے علمی گفتگو سے ہٹ کر بے کار کی باتیں کرنے لگتا یا جب کوئی صاحب قلم ایسی فاش غلطی کر جاتا کہ جس کے صدور کا امکان اس جیسے صاحب علم سے محال ہوتا ہے۔ ظاہر بات ہے کہ ایسی صورت میں تحفظ حدیث کی خاطر سنت نبوی کے اس محافظ ورقیب کی آواز میں گرج اور انداز تحریر میں گرمی کا پیدا ہونا' یہ اس کی ایمانی غیرت اور دینی حمیت کا تقاضا ہے۔

شیخ البانی ؒ کی بے جا مخالفت میں بعض ہندوستانی علماء بھی پیش پیش رہے ہیں' کیونکہ شیخ کا تعلق تقلیدی گھرانے سے تھا پھر تقلید کو ترک کر کے محدثین کے نقش قدم پر چلنے لگے تھے اور اپنی تحریروں میں جگہ جگہ تقلید شخصی پر ضرب بھی لگائی ہے اور اس سلسلے میں ہندوستانی علماء سے بحث و مباحثے اور گفتگو و مناظرے بھی ہوئے ہیں' جس کی وجہ سے دنیا بھر میں تقلید شخصی اور شخصیت پرستی کا بازار سرد پڑ رہا تھا اسی لئے آج ہندوستانی علماء میں سے بعض کو شیخ سے اتنی نفرت ہے کہ آپ کی خدمات کا اعتراف تو درکنار آپ کا نام تک سننا انہیں گوارا نہیں !

دیوبندی مکتب فکر کے ایک بڑے عالم مولانا حبیب الرحمٰن اعظمی مرحوم نے شیخ البانی کے رد میں ایک کتاب لکھی' جس کا نام تھا'' **الالبانی شذوذه و اَخطائه** '' ملک اور بیرون ملک اس کتاب کی بڑی تشہیر کرائی گئی۔ اس لیے نہیں کہ وہ حق کی حمایت میں لکھی گئی تھی بلکہ صرف اس لیے کہ یہ شیخ البانی ؒ کے رد میں تھی۔ اس کتاب کے مولف نے کئی مسائل میں شیخ البانی ؒ پر استدراک کیا تھا' ان مسائل کا ایک بڑا حصہ ایسا تھا' جن میں حق شیخ البانی ؒ کے ساتھ تھا اور کچھ مسائل ایسے بھی ضرور تھے' جن میں حق مولف کے ساتھ تھا اور تیسری قسم ان اعتراضات اور استدراکات کی تھی جن کا علمی دنیا میں کوئی مقام اور کوئی حیثیت نہیں تھی' بلکہ صاف معلوم ہوتا تھا کہ محض دل کی بھڑاس نکالی گئی ہے۔ شیخ البانی ؒ کے دو شاگردوں علی حسن حلبی اور سلیم الہلالی نے فوراً اس کے جواب میں ایک کتاب لکھی' جس کا نام تھا'' **الرد العلمی علی حبیب الرحمن الاعظمی** '' ان حضرات نے اپنی کتاب میں مسائل کا علمی جائزہ لیا ہے۔

یک مرتبہ مولانا حبیب الرحمٰن اعظمی کو ملک شام کا سفر درپیش ہوا' وہ سیدھے شیخ البانی کے گھر پہنچے اور تین دن تک آپ ہی کے مہمان رہے' شیخ نے مہمان نوازی میں کوئی کسر اٹھا نہیں رکھی۔ تین دن بعد مولانا نے جب دمشق جانے کا ارادہ ظاہر کیا تو اتفاق سے شیخ کو بھی اسی وقت دمشق جانے کی ضرورت پیش آ گئی' مولانا کا سفر شیخ کے ساتھ آپ ہی کی گاڑی سے ہوا' شیخ البانی ؒ کے کچھ شاگرد بھی شریک سفر تھے'

دوران سفر شیخ کے شاگردوں نے شیخ کے رد میں لکھی ہوئی کتاب کا ذکر کرتے ہوئے چند مسائل کے متعلق سوال کیا تو مولانا اعظمیؒ کہنے لگے کہ شیخ کی موجودگی میں میں کیا کہہ سکتا ہوں، اس طرح جو بھی سوال کیا جاتا مولانا شیخ ہی کا حوالہ دیتے اور شیخ البانی جو بھی کہتے اس کی تصویب کرتے ہوئے سر ہلاتے۔ اسی طرح علمی اور تحقیقی گفتگو کرتے ہوئے خوشگوار ماحول میں دمشق کی مسافت طے ہوئی۔

شیخ البانیؒ کہا کرتے کہ ''مجھے بہت ہی حیرت واستعجاب ہے کہ اپنی کتاب میں میرے خلاف اس قدر زہرافشانی کرنے کے باوجود وہ کس طرح میرے گھر میں تین دن تک مہمان رہے۔''بعض دفعہ تو شیخ بڑے دکھی ہو کر فرماتے تھے کہ ''میں ایک مظلوم انسان ہوں، مجھ پر حسد کی آگ میں تپے ہوئے مدعیان علم وحق نے بے وجہ الزام تراشیاں کی ہیں۔''

شیخ البانیؒ اور قید و بند کی صعوبتیں: داعئ حق کی راہ میں دار ورسن کا مرحلہ بڑی اہمیت رکھتا ہے۔ یہ حقیقت میں اس کی کامیابی کی دلیل اور اس کے اخلاص وایمان کا امتحان ہے۔ علمائے سلف کی طرح نمونۂ سلف البانی کو بھی اس کٹھن مرحلہ سے کئی مرتبہ گذرنا پڑا۔ اب یہ بتانے کی ضرورت نہیں کہ کیوں اور کس وجہ سے آپ کو جیل جانا پڑا تھا کیونکہ ظلم وجبر کی تاریخ کا یہ قدیم اصول ہے کہ ''لئن اتخذت الها غيری لا جعلنك من المسجو نين۔''

مخالف علماء نے جب دیکھا کہ شیخ البانی کی دعوتی سرگرمیوں کی وجہ سے ان کا بازار سرد پڑ رہا ہے اور ان کی اونچی پگڑیوں اور لمبے جبوں کے عقیدتمند بھی اب انہیں نہیں پوچھ رہے ہیں تو انہوں نے حکمرانوں کے در پر دستک دی اور البانی کے خلاف ان کے کان بھرنے شروع کر دیئے، نتیجہ میں کئی ایک دفعہ البانی صاحب کو جیل جانا پڑا اور قید وبند کی صعوبتیں جھیلنی پڑیں، لیکن حکمرانوں کی بھی یہ کیسی نادانی ہے کہ وہ داعئ حق کو جیل کی چہار دیواری میں قید کر کے یہ سمجھتے تھے کہ ہم نے اس کی دعوت اور اس کی آواز کو بند کر دیا ہے حالانکہ وہ نہیں جانتے کہ جیل کی تاریک اور تنگ کوٹھری ہی اس کی روشن فکری اور علمی وسعت کے لئے بہترین میدان ہے جہاں اس کی قوت فکر ایسے افکار کو جنم دیتی ہے کہ کھلی اور آزاد فضاء میں رہنے والے عش عش کرنے لگتے ہیں:

بیکار ڈراتے ہو مجھے قید ستم سے واں روح وفا اور بھی آزاد رہے گی

شیخ البانیؒ نے اپنی ایک شاہکار تالیف ''مختصر صحیح مسلم'' جیل ہی میں لکھی تھی۔ تصنیف وتالیف کے علاوہ جیل میں جو دوسرے علماء بند تھے ان سے علمی مناقشے بھی ہوا کرتے تھے اور کبھی وہ خود آگے بڑھ کر شیخ سے استفسارات کیا کرتے تھے۔ پنج وقتہ نمازیں بھی پابندی سے پڑھا کرتے۔ پہلے تو آپ کو آپ کے پانچ ساتھیوں کے ساتھ ایک بہت ہی تنگ کمرے میں بند کر دیا گیا تھا جہاں پوری آزادی کے ساتھ رکوع و سجود ناممکن تھے۔ اس لئے وہاں اشاروں سے نماز پڑھا کرتے تھے۔ پھر جب ایک دوسرے وسیع کمرے میں کر دیا گیا تو وہاں باقاعدہ با جماعت نماز بھی شروع کر دی۔ یہاں یہ بات ذہن نشین کرنے کی ہے کہ اس موقع پر شیخ البانی شیخ الاسلام ابن تیمیہؒ کا رول ادا کرتے نظر آتے ہیں۔ جنہیں آج سے سات صدی قبل اسی جیل خانے میں بند کیا گیا تھا اور انہوں نے بھی باجماعت نماز کا اہتمام کیا تھا۔ پھر شعراء کا شیخ البانی کو ''ابن تيميه القرن العشرين'' کہنا بھی کتنا حق بجانب نظر آتا ہے کہ دونوں سرزمین شام ہی کے رہنے والے تھے۔ اس طرح دونوں کے درمیان تین بنیادی مشابہتیں صاف طور پر نظر آتی ہیں، اتحاد ارض ومقام، اتحاد دعوت وپیغام اور اتحاد عاقبت وانجام، بس فرق اتنا ہے کہ شیخ الاسلام ابن تیمیہ کا انتقال جیل ہی میں ہو گیا تھا جبکہ شیخ البانی نے جیل سے رہا ہو کر کئی سال آزادانہ زندگی بھی گذاری تھی مگر کیا

حقیقت میں لوگوں نے آپ کو آزادانہ زندگی گذارنے کا موقع دیا ؟ نہیں ہرگز نہیں، جیل سے نکلنے کے بعد دنیا بھی آپ کے لئے جیل خانہ بن گئی، لوگوں نے آپ کو بہت تنگ کیا، بہت ستایا، یہاں تک کہ آپ کئی دفعہ ہجرت کرنے پر مجبور ہوئے، لیکن اللہ کی خاطر ہجرت کئے ہوئے مظلوم بندوں کے لئے اللہ تعالی کا یہ وعدہ ہے کہ '' والذین هاجروا فی الله من بعد ما ظلموا لنبوئنهم فی الدنیا حسنة '' استقرار وتمکینی کا یہ بھی ایک مثالی نمونہ ہے کہ آج دنیا جس طرح ابن بازؒ کو پہچانتی ہے بالکل اسی طرح شیخ البانیؒ کو بھی جانتی ہے، جہاں کہیں ابن باز کا ذکر خیر ہو وہاں البانی کا بھی ذکر جمیل ہوا کرتا ہے حالانکہ ابن بازؒ کی پوری ایک سلطنت اور حکومت پشت پناہ تھی جبکہ البانیؒ ان ظاہری اسباب ووسائل سے نہتے تھے مگر جس نبی کی شان رب العالمین نے '' ورفعنا لك ذكرك '' کہہ کر بلند کی اس نبی کی سنت کے اس خادم کی شان بھی اس قدر بلند ہوئی کہ آج عالم اسلام کی معتبر یونیورسٹیوں میں وہ بحث اور وہ رسالہ نامکمل اور ناقص سمجھا جاتا ہے جس میں احادیث کی تخریج کرتے ہوئے باحث البانی کا فیصلہ نقل نہ کرے، اس لئے آج ہر باحث حدیث کی تخریج کرتے ہوئے صححه الالبانی، حسنه البانی اورضعفه الالبانی لکھنے کو علمی امانت اور رسالہ کی علمی حیثیت اور اہمیت میں اضافہ تصور کرتا ہے۔ یہ تو دنیا کی شان ہوئی، آخرت کا اجر تو اور بہت بڑا ہوگا ان شاءاللہ '' ولاجر الاخرة اكبر '' '' لو كانو يعلمون '' کاش دنیا اس حقیقت کو جانتی !

شیخ البانیؒ اپنی صفات کے آئینے میں

التزام بالدین اور تمسک بالسنة: شیخ البانیؒ کی سب سے نمایاں صفت آپ کا دین سے مضبوط تعلق اور اتباع سنت کا غیر معمولی جذبہ ہے۔ مشکل سے مشکل وقت میں بھی جزئیات دین اور سنتوں سے آپ کا یہ تعلق قطع نہ ہوتا، جس چیز کو دین سمجھ لیا اس کے اظہار اور اس پر عمل پیرا ہونے سے دنیا کی کوئی طاقت انہیں نہیں روک سکتی تھی۔ رسول اللہ ﷺ کی سیرت کے جو عملی شواہد آپ کی کتاب زندگی میں موجود ہیں شاید ہی عصر حاضر کی کوئی اور شخصیت اتنے عملی شواہد پیش کر سکے۔ یقیناً اتباع سنت کے جذبہ سے سرشار ہونے والے ہزاروں علماء آج بھی موجود ہیں لیکن صحابہ اکرامؓ میں اتباع سنت کے معاملے میں ابن عمرؓ کا جو مقام تھا وہ مقام معاصر علماء میں البانی کا ہوسکتا ہے۔

شیخ کے شاگرد محمد عید العباسی کہتے ہیں کہ شیخ باقاعدہ ہماری نمازوں کی اصلاح کیا کرتے اور ایک ایک حرکت میں مسنون طریقہ سکھاتے یہاں تک کہ ہماری نمازیں اوروں کے لئے شیخ کے شاگرد ہونے کی علامت بن گئیں۔

خطبۃ الحاجۃ، کیفیت قیام رمضان اور نماز عید کے لئے عید گاہ جانا، یہ اور ایسی بے شمار سنتیں ہیں جنہیں شیخ نے علمی اور عملی طور پر زندہ کیا، زندگی کی ایک ایک حرکت میں طریقۂ نبوی کا پاس ولحاظ رکھتے، یہاں تک کہ کہنے والوں نے یہ بھی کہہ دیا کہ البانی کی محبت سنت نبوی سے محبت کی علامت ہے۔

شیخ کے التزام بالدین کا اندازہ اس واقعہ سے لگایا جاسکتا ہے کہ ایک مرتبہ کسی مجبور انسان کی سفارش کرکے آپ نے اسے کسی کمپنی میں کام دلادیا۔ چند دن بعد وہ شخص شیخ کی خدمت میں زیتون لے کر حاضر ہوا کہ یہ میری جانب سے آپ کے لئے ہدیہ ہے، شیخ نے یہ کہہ کر یہ ہدیہ قبول کرنے سے انکار کر دیا کہ اس کا کھانا میرے لئے جائز نہیں ہے۔ پھر یہ حدیث پیش کی '' من شفع شفاعة و اهدى له

هدية فقبلها فقد اتی بابا من الربا۔''

شیخ کے التزام بالدین کا ایک حیرت انگیز واقعہ بیان کرتے ہوئے شیخ کے شاگرد علی حمد خشان لکھتے ہیں کہ ایک مرتبہ جب کہ آپ سفر میں تھے۔ جدہ اور مدینہ کے درمیان گاڑی حادثہ کا شکار ہو کر الٹ گئی' شیخ البانی ٹھیک گاڑی کے نیچے آ گئے' اس طرح کہ زیادہ خطرہ آپ ہی کو تھا' لوگ پریشانی کے عالم میں ''یا ستار یا ستار'' کہتے ہوئے ادھر ادھر دوڑنے لگے۔ لوگوں کی اس آواز کو سن کر شیخ البانی جو کہ گاڑی کے بالکل نیچے آ چکے تھے کہنے لگے ''لوگو! یا ستار مت کہو بلکہ یا ستیر کہو کیونکہ ستار اللہ تعالی کے اسماء حسنی میں سے نہیں ہے!'' شیخ کا مطلب یہ تھا کہ اللہ تعالی کی صفت ''ستر'' کیلئے حدیث میں ''ستیر'' کا لفظ استعمال کیا گیا ہے ستار کا نہیں! چنانچہ صحیح حدیث ہے ''ان اللہ حییی ستیر یحب الستر'' لہذا حدیث میں صفت ''ستر'' کے لئے ''ستیر'' کا لفظ استعمال کیا گیا ہے تو اس کو چھوڑ کر ''ستار'' کہنا درست نہیں!

سبحان اللہ! عزیمت کا کیسا مقام بلند ہے یہ! استقامت و ثابت قدمی کی کیسی نادر مثال ہے یہ کہ ایک ایسے وقت میں جہاں رخصتوں پر عمل کرنا بھی بڑی عزیمت کی بات ہے' عزیمت کی اس چٹان اور صابر و ثابت اس انسان کا کردار دیکھئے کہ نفسی نفسی کے اس عالم میں بھی شرعی معاملے میں معمولی سی لفظی غلطی کا سننا بھی اس کی برداشت سے باہر ہے۔ اور وہ فوراً اسی پر انکار و استدراک کرتا ہے' کردار کی اس عظمت کے آگے محبت رسول کے وہ دعوے کتنے مضحکہ خیز معلوم ہوتے ہیں کہ جن کے دعویدار محبت رسولؐ کا دم تو بھرتے ہوں ساقیٔ کوثر اور شافع محشر کے ترانے تو پڑھتے ہوں' اسم مبارک کو سن کر انگشت شہادت کو چومتے ہوں' اسم مبارک کے ساتھ القاب و اسماء کی لمبی قطار بھی لگاتے ہوں' سیرت رسول کے عنوان پر گھنٹوں تقریر بھی کرتے ہوں مگر جب اتباع و اطاعت کی بات آئے تو ''انا وجدنا آباء نا علی امة و انا علی آثارهم مقتدون'' کی روش اختیار کرتے ہوں! محبت رسول کے ایسے ہزاروں دعویدار اس عظیم انسان کی اس ایک ادا پر قربان و نثار ہو سکتے ہیں۔

تواضع و انکساری: تواضع و انکساری بھی آپ کے نمایاں اوصاف میں سے ہے' بہت کچھ ہوتے ہوئے بھی خود کو کچھ نہ سمجھتے تھے۔ ''فانني طویلب علم'' کہ میری حیثیت تو بس ایک ابتدائی طالب علم کی سی ہے۔ سادگی آپ کا شیوہ تھی' تکلف سے بہت دور تھے' جب آپ کی دعوتی سرگرمیوں کا آغاز ہوا تو آپ سائیکل پر سوار ہو کر دعوت و تبلیغ کے لئے جایا کرتے تھے حتیٰ کہ ایک اخبار والے نے مزاحیہ خبروں میں شیخ کا ذکر کیا تھا کہ دمشق میں ایک مولانا رہتے ہیں جو سائیکل پر سوار ہو کر تبلیغ کے لئے جایا کرتے ہیں! آپ کی اپنی موٹر کار بھی تھی جب اس میں کوئی خرابی پیدا ہو جایا کرتی تھی تو خود ہی اس کی اصلاح کر لیتے' جس وقت جامعہ اسلامیہ مدینہ منورہ میں بحیثیت مدرس تھے تو حرم جاتے ہوئے اپنی گاڑی میں گنجائش بھر طلبہ کو بھی ساتھ لے لیتے۔ آپ کے شاگردوں میں سے جب کوئی بیمار ہو جاتا تو خود اس کے گھر جا کر بیمار پرسی کیا کرتے تھے۔

جب آپ ہجرت کرتے ہوئے عمان منتقل ہوئے تھے تو وہاں کے خوشحال لوگوں نے آپ سے درخواست کی کہ آپ ہمارے محلے میں قیام فرمائیں! آپ نے اس پیش کش کو منظور نہ کیا بلکہ غریبوں اور مسکینوں کے محلے میں سکونت اختیار کرنے کو ترجیح دی۔

مدح و ستائش کو سخت ناپسند کرتے تھے' اسی لئے ملک شام سے باہر کا سفر آپ نے بہت کم کیا ہے۔ پاکستان اور بنگلہ دیش کے اہل

حدیث حضرات نے بار ہا آپ کو دعوت دی مگر آپ معذرت کرتے رہے۔ مجبور ہو کر انہوں نے شیخ کے شاگرد دکتور عاصم القریوتی سے درخواست کی کہ وہ شیخ کو دورۂ پاکستان کے لئے رضامند کرلیں، شیخ قریوتی کہتے ہیں کہ میں نے اصرار پر اصرار کیا مگر شیخ نے معذرت کردی کہ اگر میں وہاں جاؤں گا تو یہ لوگ خواہ مخواہ میرے تعلق سے مبالغہ آمیز الفاظ کہیں گے جنہیں میں سن نہیں سکتا۔

اس طرح آپ زندگی بھر ریا نمود سے بہت دور رہے، انکساری کا یہ عالم کہ لاکھ احتیاط کے باوجود جب کسی کی زبان سے تعریفی کلمات سن لیتے تو فوراً صدیق اکبر کی طرح یہ دعا کرنے لگتے **''اللهم اجعلني خير امما يظنون و اغفرلي ما لا يعلمون و لا تواخذني بما يقولون.''**

یہ تواضع وانکساری کا بہت اونچا مقام ہے جس پر شیخ البانی فائز تھے۔ ہر کس وناکس کے ظرف میں اتنی وسعت نہیں ہوتی کہ وہ دین کی اتنی عظیم خدمت کرنے کے باوجود اتنی منکسر مزاجی کا ثبوت دے ورنہ انانیت اور خود پسندی کی دنیا کا دستور یہی ہے کہ یہاں کام سے بڑا نام ہوا کرتا ہے!

رقت قلبی : شیخ البانیؒ دین کے معاملے میں جتنے سخت تھے دوسرے معاملات میں اتنے ہی نرم اور رقیق القلب تھے۔ جب شیخ ابن بازؒ کی وفات کی خبر پہنچی تو بے ساختہ آنکھوں سے آنسو نکل پڑے اور گہرے دکھ کے ساتھ فرمایا **''انا لله و انا اليه راجعون ' اللهم اجرني في مصيبتي واخلفلي خير امنها ''** پھر فرمایا ''اللہ کی رحمت ہو ابن باز پر کہ وہ چوٹی کے عالم تھے اللہ تعالیٰ جنت الفردوس کو ان کا ٹھکانا بنائے'' پھر عربی شعر کے اس مصرع پر اپنی بات ختم کی۔ ؎ **وفي الليلة الظلماء يفتقد البدر.**

نماز تراویح میں قرآن پڑھتے ہوئے رو پڑتے یہاں تک کہ آپ کے مقتدی بھی رونے لگتے۔ ایک مرتبہ سورۂ مومن کی تلاوت کر رہے تھے، جب اس آیت **'' و يقوم مالي ادعوكم الى النجاة وتدعوننى الى النار ''** پر پہنچے تو رو پڑے، کبھی کبھی درس دیتے ہوئے بے ساختہ رو پڑتے۔

زھد و عبادت: شیخ البانیؒ کی شخصیت صرف علمی شخصیت ہی نہیں تھی بلکہ جس طرح آپ اپنے علم میں سلف کا نمونہ تھے اسی طرح اپنے عمل میں بھی بڑے بڑے زاہدوں اور عابدوں کا نمونہ تھے، قرآن مجید کی تلاوت بڑے سوز کے ساتھ کیا کرتے تھے، درس میں جب کبھی اس حدیث کا تذکرہ آتا جس میں ان تین آدمیوں کا ذکر ہے جن سے جہنم بھڑکائی جائے گی، تو اس میں عالم کا ذکر کرتے ہوئے رونے لگتے یہاں تک کہ پوری محفل پر افسردگی کا سماں چھا جاتا۔

شیخ کے شاگرد سمیر زہیری کی روایت کے مطابق آپ نے اپنی زندگی میں تیس سے زائد حج کئے ہیں، ارض حرم سے دور ملک شام میں رہتے ہوئے ہر سال عمرہ کرنے کی کوشش کرتے، موقع ملنے پر سال میں دو دو عمرے بھی کر لیتے، شیخ زہیری کا کہنا ہے کہ جب سے میں نے شیخ کو جانا ہے کبھی آپ سے جمعرات اور پیر کے دن کا روزہ چوکتے ہوئے نہ دیکھا، جمعہ کے دن مسجد میں داخل ہوتے تو امام کے منبر پر جانے تک برابر نفل نمازیں پڑھا کرتے تھے۔

ایک مرتبہ آپ اپنی موٹر میں بیٹھے ہوئے تھے کہ ایک شخص دوڑتا ہوا آیا اور اس نے حیرت واستعجاب سے آپ سے سوال

کیا : کیا آپ ہی شیخ البانی ہیں' جن کا لوگ تذکرہ کرتے ہیں؟ بس اتنا سننا تھا کہ آنکھوں سے آنسو چھلک پڑے۔ پوچھا گیا کہ اس میں رونے کی کیا بات ہے ؟ تو کہنے لگے کہ آدمی کو چاہیے کہ وہ لوگوں سے اپنی تعریف سن کر پھول نہ جائے بلکہ جہاں تک ہو سکے اسے اپنے نفس سے مجاہدہ کرنا چاہیے۔

دنیا سے بس ضرورت بھر تعلق رکھا' اسی لئے جب گھڑی سازی کر رہے تھے تو صرف تین گھنٹے یہ کام کرتے اتنی دیر میں جو بھی مل جاتا اس پر قناعت کر لیتے اور باقی وقت علم حدیث کی خدمت میں لگا دیتے' خود دار انسان تھے دنیا دار نہیں!

جود وکرم : شیخ البانیؒ کے پاس حاتم کی دولت نہ سہی مگر حاتم کا دل ضرور تھا۔ شیخ کے شاگرد ابوعبدالرحمٰن محمد الخطیب کہتے ہیں کہ میں نے شیخ کے گھر میں چھ سال گذارے ہیں اور اس درمیان شیخ کے جود وسخا کے بے شمار واقعات دیکھنے کو ملے ہیں۔ ایک مرتبہ ایک بیمار شخص شیخ کی خدمت میں حاضر ہوا اور کہنے لگا کہ مجھے پندرہ انجکشن لینے ہیں' اور ہر ایک انجکشن کی قیمت بیس دینار ہے لہذا آپ میری مدد کریں۔ شیخ نے معاملے کی تحقیق کی جب پتہ چلا کہ یہ شخص سچا ہے تو اسے اس کی مطلوبہ رقم دے دی۔

شیخ محمد الخطیب آگے کہتے ہیں کہ جب میں اپنے گھر کی تعمیر کر رہا تھا تو مجھے پیسوں کی ضرورت پیش آئی' میں نے شیخ سے کچھ مانگنا کچھ مناسب نہ سمجھا۔ میری نظر ایک دولتمند پر پڑی جسے شیخ اچھی طرح جانتے تھے۔ میں نے شیخ کی اہلیہ محترمہ سے کہا کہ وہ شیخ سے کہیں کہ اس مالدار شخص سے سفارش کر کے میری ضرورت پوری کرا دیں' دوسرے دن جب میں شیخ کے پاس پہنچا تو شیخ نے کہا کہ مجھے معلوم ہوا کہ تم میرے ذریعہ سے فلاں مالدار کے پاس قرض لینا چاہتے ہو' میں نے کہا کہ ہاں! یہ سن کر شیخ نے کہا کہ اس دولتمند سے زیادہ یہ میرا حق ہے کہ میں تمہاری مدد کروں۔ پھر شیخ نے مجھے مطلوبہ رقم فراہم کر دی۔

زندگی کے آخری ایام میں جب کہ شیخ بیمار تھے' ایک خاتون یہ شکایت لے کر آپ کی خدمت میں پہنچی کہ اس نے بینک سے نو ہزار دینار بطور قرض لئے تھے اب سود اتنا بڑھ چکا ہے کہ ادائیگی قرض کی سکت اس کے اندر نہیں ہے۔ شیخ نے عادت کے مطابق پہلے معاملے کی تحقیق کرائی' جب پتہ چلا کہ وہ عورت سچی ہے تو شیخ نے اس کی ضرورت پوری کر دی۔ عورت اپنے لڑکوں کے ساتھ آئی اور شیخ کا شکریہ ادا کر کے آپ کو دعائیں دے کر رخصت ہوئی' اس کے جانے کے بعد شیخ نے فرمایا ''واللہ ! دل میں کبھی تمنا ہوتی ہے کہ اللہ تعالی مجھے دولتمند بنا دے اور میں سود کی گرفت میں آئے ہوئے ایسے ہزاروں انسانوں کو آزاد کراتا رہوں۔''

انصاف پسندی : شیخ کی ایک اہم صفت انصاف پسندی ہے' دنیا میں معصوم کون ہے! عصمت تو صرف انبیاء علیہم السلام کا خاصہ ہے۔ انبیاء کے علاوہ کسی بھی انسان سے غلطیوں اور خطاؤں کا سرزد ہونا ناممکن نہیں ہے۔ کسی عام انسان سے کوئی غلطی سرزد ہو جائے تو اسے غلطی کو تسلیم کرنے میں کوئی دقت پیش نہیں آتی مگر جب کسی بڑے انسان سے کوئی غلطی ہو جائے تو وہ غلطی کے اعتراف کو اپنے مقام و مرتبہ کے خلاف تصور کرتا ہے اسی لئے بڑے لوگ اپنی غلطی آسانی سے تسلیم نہیں کیا کرتے لیکن شیخ البانیؒ کا معاملہ ایسا نہ تھا وہ ہر وقت کسی بھی قسم کی تنقید اور کسی بھی طرح کے اعتراض کو سننے اور قبول کرنے کے لئے تیار رہتے مگر اس شرط کے ساتھ کہ وہ تنقید علمی اور اعتراض مدلل ہو۔

اسی لئے بہت سے لوگ بذریعہ مراسلت بھی مسئلے میں اختلاف کرتے اور دلیل کی روشنی میں اپنے موقف کا اظہار کرتے ہوئے

نظر ثانی کرنے کی گذارش کرتے ۔ جب شیخ کے پاس اس کا جواب ہوتا تو آپ اس کا جواب تحریر کردیتے لیکن اگر معترض کا اعتراض صحیح ہوتا تو نہ صرف اپنی بات سے رجوع کرتے بلکہ کتاب کے اگلے ایڈیشن میں مسئلہ معترض علیہا پر حاشیہ چڑھاتے ہوئے اس شخص کا نام بھی ذکر کردیتے جس نے خط لکھ کر آپ سے اس مسئلے میں نظر ثانی کرنے کی درخواست کی تھی پھر اس کا شکریہ ادا کرتے ہوئے اس کے حق میں دعائیہ علمات لکھتے ۔ چاہے وہ معترض چھوٹا ہو یا بڑا، شیخ کا جانا پہچانا ہو یا انجانا۔ آپ کی انصاف پسندی یقیناً مثالی تھی۔

شیخ کی کتاب ''صفہ صلاۃ النبی ﷺ'' میں شیخ سے ایک لفظی غلطی ہوگئی تھی شیخ بکر ابو زید نے شیخ کی توجہ اس جانب مبذول کردی شیخ نے نہ صرف یہ کہ اپنی غلطی تسلیم کی بلکہ اپنی غلطی کے اعتراف میں یہ الفاظ لکھے ''ھذا والله منتھی الغفلة'' کہ جو غلطی مجھ سے ہوئی وہ غفلت کی انتہا ہے ۔ پھر شیخ بکر ابو زید کا نام ذکر کر کے آپ کا شکریہ ادا کیا۔

ایسا معاملہ زیادہ تر احادیث کے سلسلے میں پیش آتا ۔ مثلاً شیخ تحقیق وجستجو کے بعد کسی حدیث پر حسن ہونے کا حکم لگاتے، جبکہ اس حدیث کے لئے کوئی شاہد یا کوئی متابع حدیث ہوتی تو وہ حدیث ''صحیح لغیرہ'' ہوتی مگر چونکہ ایسی کوئی متابعت شیخ کی نظر سے گذری نہ ہوتی یا آپ کو یاد نہ ہوتا اس لئے آپ صرف حسن ہونے کا حکم لگاتے، پھر کتاب کی اشاعت کے بعد اس حدیث کے لئے کوئی شاہد یا کوئی متابع حدیث مل جاتی ، چاہے خود البانی صاحب کو ملے یا کوئی دوسرا آپ کو اس کا حوالہ دے تو کتاب کے دوسرے ایڈیشن میں حدیث مذکور کے پہلے حکم سے رجوع کرتے ہوئے اس کے ''صحیح لغیرہ'' ہونے کا حکم لگاتے ۔ اپنی غلطیوں کا اس طرح اعتراف اور دوسروں کے فضل کا اقرار آپ کی انصاف پسندی کی واضح دلیل ہے ۔ اور ساتھ ہی آپ کے اخلاص کی بھی بڑی دلیل ہے اسی لئے قرآن نے تقوی کو عدل کا لازمہ قرار دیا ہے۔ ''اعدلوا ھو اقرب للتقوی۔''

مگر افسوس کہ متعصب حضرات کو یہ خوبی بھی برائی نظر آئی اور یہ حسن بھی ایک عیب نظر آیا۔ چنانچہ شیخ کے مخالفین نے شیخ کے اس تصرف کو وجہ طعن بنالیا اور آپ کو قلت علمی اور نا تجربہ کاری کا الزام دینے لگے ۔ حالانکہ یہ تصرف اگر قلت علمی اور نا تجربہ کاری کی دلیل ہے تو پھر یہ لوگ علماء سلف جن میں سرفہرست ائمہ اربعہ۔ رحمہم اللہ۔ آتے ہیں ان کے متعلق کیا کہیں گے کہ ایک ہی مسئلے میں، ایک ہی امام کے کئی کئی اقوال کتب فقہ میں موجود ہیں، کبھی کسی چیز کو جائز کہا تو دوسرے وقت میں اسی کو ناجائز قرار دیا، کسی چیز پر کبھی سنت کا حکم لگایا تو کبھی وجوب کا حکم ! بلکہ امام شافعی نے تو مصر جانے کے بعد اپنے بہت سارے فتووں سے رجوع کرلیا تھا اسی لئے اکثر مسائل میں امام شافعی کے دو قول نظر آتے ہیں ۔ مذہب قدیم میں ایک رائے ہے تو مذہب جدید میں دوسری رائے ہے ! تو کیا ائمہ کا یہ تصرف بھی قلت علمی اور نا تجربہ کاری کی دلیل کہلائے گا !کلا والف کلا۔

سچی بات تو یہ ہے کہ یہ تصرف اور رجوع ہمارے اسلاف کی انصاف پسندی اور ان کے اخلاص وتقوی کی دلیل ہے، کہ دلیل کی روشنی میں ان کے اجتہاد میں تبدیلی ہوا کرتی تھی، کبھی کسی دلیل کی بنیاد پر جواز کا فتوی دیا تو دوسرے وقت میں اس سے قوی دلیل ملنے پر عدم جواز کا فتوی دیا۔ یہی ہر عالم ربانی کی پہچان اور ہمارے اسلاف کی شان رہی ہے، پھر ہر عالم ربانی کی طرح علامہ البانی بھی تغیر اجتہاد کی بنا کبھی کسی حدیث کو حسن یا ضعیف اور کبھی متابعات وشواہد ملنے پر اسی کو ''صحیح لغیرہ'' یا ''حسن لغیرہ'' قرار دیں تو کیا یہ قلت علمی اور نا تجربہ کاری کی دلیل کہلائے گی؟

فکر وخیال کے انحطاط کی بھی حد ہوگئی کہ جو تصرف سلف میں باعث عزت اور بڑائی تھا اب وہی تصرف خلف میں باعث ذلت اور رسوائی بن گیا ہے۔

تعصب چھوڑ ناداں دہر کے آئینہ خانے میں
یہ تصویریں ہیں تیری جن کو سمجھا ہے برا تو نے

وقت کا اهتمام : شیخ کے شاگردوں اور آپ کو قریب سے جاننے والوں کا یہ تأثر ہے کہ ہم نے شیخ البانی کی طرح وقت کی قدر و قیمت کو جاننے والا اور ایک ایک لمحہ کی قدر کرنے والا کسی کو نہ دیکھا۔ آپ ایک منٹ کو بھی ضائع ہونے نہ دیتے اسی لئے آپ کے وقت میں برکت بھی تھی اور آپ کی طبیعت میں حرکت بھی۔ حرکت و برکت کے اتحاد ہی کا یہ کمال تھا کہ علم حدیث جیسے دقیق فن میں شیخ کی بے شمار تصنیفات، تالیفات اور تحقیقات آج ہمارے سامنے موجود ہیں۔ علم حدیث کے فنی قواعد کی عملی تطبیق سے ''سلسلۃ الاحادیث الصحیحۃ'' میں ہزاروں احادیث کی تصحیح وتحسین اور'' سلسلة الاحاديث الضعيفة ''میں ہزاروں احادیث کی تضعیف اور'' منار السبيل کی تخریج '' ''ارواء الغليل ''میں احکام سے متعلق بے شمار احادیث کی تحقیق وتخریج، یہ سب باتیں اسی وقت ممکن ہوسکی ہیں جبکہ آپ نے لمحے لمحے کی قدر کی ہے ورنہ بڑے بڑے دکتور حضرات کا بھی یہ اعتراف ہے کہ بعض اوقات صرف ایک حدیث پر حکم لگانے کے لئے اصولی قواعد کی پیچیدگیوں اور باریکیوں کی وجہ سے کئی ہفتے لگ جاتے ہیں۔

تصنیف وتالیف میں سرعت بھی تھی اور ساتھ ہی وقت بھی۔ مثلاً آپ کی مائیہ ناز تصنیف'' احكام الجنائز و بدعها ''جو تقریباً جنازے سے متعلق تمام مسائل پر محیط ہے اور جس میں ساڑھے تین سو سے زائد صفحات ہیں۔ اس تصنیف میں صرف تین مہینے لگے ہیں۔ جبکہ ایک ایک مسئلہ کے لئے کئی کئی صفحات کا مطالعہ کرنا پڑتا ہے۔

دن رات کے چوبیس گھنٹوں میں سونے کے لئے صرف چار گھنٹے اوسطاً رکھے تھے باقی بیس گھنٹوں میں نماز اور دیگر ضروریات کے علاوہ سارا وقت تصنیف وتالیف میں مشغول رہتے۔ جس وقت آپ گھڑی سازی کیا کرتے تھے اس وقت بھی صرف تین گھنٹے کام کے لئے رکھے تھے باقی سارا وقت حدیث کی خدمت میں لگا دیتے۔

آپ کا سفر آخرت

وصیت نامه : شیخ البانیؒ نے وفات سے دس سال قبل ہی اپنی وصیت لکھ رکھی تھی۔ وصیت کا مضمون کچھ یوں تھا:

''میں اپنے بیوی بچوں اور دوست واحباب کو یہ وصیت کرتا ہوں کہ جب انہیں میرے انتقال کی خبر معلوم ہو تو سب سے پہلے میرے لئے دعائے مغفرت کریں اور نوحہ خوانی اور چیخ وپکار سے پرہیز کریں۔ میری تدفین جلد از جلد کردیں، جو رشتہ دار اس بستی سے باہر ہوں جہاں میرا انتقال ہوگا، انہیں میرے انتقال کی خبر میری تدفین کے بعد دی جائے تاکہ ان کا انتظار تدفین میں تاخیر کا سبب نہ بنے۔ مجھے میرے پڑوسی اور فاضل دوست عزت خضر ابوعبداللہ غسل دیں، غسل کے بعد

قریبی قبرستان ہی میں دفن کردیا جائے تاکہ قبرستان کی دوری کی وجہ سے جنازہ لے جانے کے لئے گاڑیوں اور سواریوں کے سئے مجبور نہ ہونا پڑے۔ میں اپنی ساری کتابیں اور اپنا سارا مکتبہ جامعہ اسلامیہ مدینہ منورہ کے مکتبہ کے لئے ہدیہ کرتا ہوں۔ جہاں میری زندگی کے خوشگوار ایام گذرے ہیں۔ دعا ہے کہ اللہ تعالی میری مغفرت فرمائے۔''

یہ آپ کی وصیت تھی جس سے آپ کا جذبۂ اتباع سنت عیاں ہے۔ پہلی بات تو یہ ہے کہ حدیث میں حکم ہے کہ اگر آدمی کسی بات کی وصیت کرنا چاہے تو وہ اپنے آخری ایام کا انتظار نہ کرے بلکہ جب دل میں وصیت کا ارادہ ہو اسی وقت لکھ دے' شیخ نے اسی پر عمل کرتے ہوئے اپنی وفات سے دس سال قبل ہی یہ وصیت لکھ رکھی تھی۔

حدیث میں جلد از جلد تکفین وتدفین کا حکم ہے اس کے باوجود لوگ اس میں بڑی تاخیر کرتے ہیں اس لئے خصوصیت کے ساتھ اس بات کی وصیت کردی تاکہ لوگ وصیت کا لحاظ کرتے ہوئے تاخیر نہ کریں۔

عرب ممالک میں جنازے کو عام طور پر گاڑیوں اور سواریوں کے ذریعہ قبرستان تک لے جایا جاتا ہے جس کی وجہ سے کئی سنتیں چوک جاتی ہیں۔ مثلا جنازے کو کاندھا دینا' جنازے کو لے جاتے ہوئے ذرا تیز چلنا وغیرہ۔ یہ اور ایسی بے شمار سنتیں ہیں جو سواری کے استعمال سے چوک جاتی ہیں اس لئے خصوصیت کے ساتھ اس بات کی بھی وصیت کردی کہ جنازہ کے لئے گاڑی کا استعمال نہ ہو بلکہ لوگ اپنے کندھوں پر اٹھائے ہوئے چلیں۔

اسی لئے انتقال کے بعد جب سعودی عرب کے مایہ ناز عالم شیخ محمد بن صالح العثیمین (افسوس کہ شیخ بھی ۱۰رجنوری ۲۰۰۱ء کو اپنے مالک حقیقی سے جاملے۔ انا للہ و انا الیہ راجعون ع خدا رحمت کند ایں عاشقان پاک طنیت را) نے بذریعہ ٹیلیفون شیخ کے اہل وعیال کو تعزیتی کلمات پیش کرتے ہوئے کہا تھا ''اللہ کی رحمت ہو شیخ البانی پر کہ نہ صرف ان کی زندگی بلکہ ان کی موت بھی اتباع سنت کا سبق تھی۔''

مرض الموت : شیخ عرصہ سے بیمار تھے۔ پچاسی سال سے زائد عمر کے انسان کے لئے بڑھاپا خود ایک بیماری کی حیثیت رکھتا ہے۔ کمزوری حد سے زیادہ تھی' بیماری میں کبھی افاقہ ہوتا اور کبھی اضافہ۔ افاقہ ہوتا تو گھر ہی میں رہتے اور جب اضافہ ہوتا تو ہسپتال میں داخل کرادیئے جاتے۔ افاقہ ہوتا بھی تو کمزوری اتنی زیادہ کہ کچھ کام نہ کرسکتے تھے اس کے باوجود خدمت حدیث کا ایسا جذبہ کہ خود نہ لکھ سکتے تو اپنے لڑکوں سے املا کرواتے۔

شیخ کے لڑکے عبداللطیف کا کہنا ہے کہ :

> ''والد صاحب جب آخری ایام میں تھے تو نیند کی حالت میں بھی گفتگو کرنے لگتے لیکن یہ ساری گفتگو حدیث ہی سے متعلق ہوتی۔ ایک مرتبہ نیند میں فرمایا ''اعطونی صحیح سنن ابی دائود'' سنن ابی داؤد کی صحیح احادیث کا مجموعہ لاؤ! میں لے گیا اور قریب پہنچ کر میں نے کہا کہ صحیح سنن ابی داؤد حاضر ہے۔ کہنے لگے کہ فلاں صفحہ اٹھاؤ' میں نے وہ صفحہ کھولا تو پوچھنے لگے۔ اس صفحہ میں پہلی حدیث کے راوی کون ہیں؟ میں نے کہاں حضرت جابر! کہا کہ ٹھیک ہے جاؤ!''

شیخ عبداللطیف کہتے ہیں کہ یہ ساری گفتگو والد صاحب نے نیند کے عالم میں کی ہے۔

شیخ ابوالحسن المار بی المصری اپنی آخری ملاقات کا تذکرہ کرتے ہوئے کہتے ہیں کہ ''میں اپنے شاگردوں کے ساتھ شیخ کی خدمت میں

پہنچا' شیخ علالت کی وجہ سے فریش تھے' حالت بہت نازک تھی ۔ کمزوری اتنی تھی کہ شیخ ٹھیک سے بات بھی نہ کر سکتے تھے' بڑی مشکل سے دو چار لفظ بول رہے تھے کہ اتنے میں میرے شاگردوں نے شیخ کے ہاتھ کا بوسہ لینا شروع کر دیا۔ شیخ نے بڑی تکلیف سے اپنا ہاتھ کھینچ لیا پھر اس فعل کی کراہت کے سلسلے میں سلف سے منقول آثار سنانے شروع کر دیئے ۔ پھر مجھ سے کہا کہ ابوالحسن ! تم اپنے شاگردوں کو نصیحت کرو کہ وہ ایسی غلو آمیز حرکتوں سے بچا کریں۔'' شیخ ابوالحسن کہتے ہیں کہ میں شیخ کی اس استقامت اور آپ کی قوت حافظہ پر حیران رہ گیا۔ شیخ ابوالحسن المار بی کی طرح بہت سے لوگوں کی یہ شہادت ہے کہ مرض الموت میں بھی آپ کی قوت حافظہ میں کوئی فرق نہیں آیا تھا۔

شیخ کے شاگرد محمد بن ابراہیم شقرہ کہتے ہیں کہ میں نے مرض الموت میں تسلی دیتے ہوئے کہا کہ'' بیماری کی شدت کی وجہ سے آپ کو پریشان ہونے کی ضرورت نہیں کیونکہ بڑے لوگوں کی آزمائش سخت ہی ہوا کرتی ہے ۔ آپ صرف بڑے ہی نہیں اپنی خدمات کی وجہ سے بہت بڑے ہیں اس لئے آپ کی آزمائش بھی بڑی ہے ! میری بات سن کر ہلکا سا تبسم چہرے پر ظاہر ہوا اور ساتھ ہی آنکھوں سے آنسو بھی چھلک پڑے اور زبان سے بے ساختہ یہ دعا نکلی' ''اللهم اجعلنی خیر امما یظنون واغفرلی مالایعلمون و لاتوأ خذنی بما یقولون۔''

وفات: ۲۲ر جمادی الاخر ۱۴۲۰ھ مطابق ۲ر اکتوبر ۱۹۹۹ء کی شام عصر کے بعد اور مغرب سے کچھ دیر پہلے علوم و معارف کا یہ چراغ' سنت نبوی کا یہ خادم دنیا کو خیر آباد کہتا ہوا رفیق اعلی سے جاملا۔ اناللّٰہ و انا الیہ راجعون اللھم اجرنا فی مصیبتنا وأخلفلنا خیرا منھا ۔''

نماز جنازہ اور تدفین : آپ کی وصیت کے مطابق تکفین و تدفین کے سارے انتظامات جلد کر لئے گئے' عصر بعد اور مغرب سے کچھ پہلے انتقال ہوا تھا اور عشاء بعد تدفین عمل میں آئی ۔ وصیت کے مطابق آپ کے پڑوسی عزت خضر نے آپ کو غسل دیا۔ اور آپ کے شاگرد محمد بن ابراہیم شقرہ نے نماز جنازہ پڑھائی اور نو تکبیروں کے ساتھ پڑھائی کیونکہ سنت سے یہ ثابت ہے کہ اہل فضل کے لئے ان کی نماز جنازہ میں عام لوگوں کے جنازے سے زائد تکبیریں کہی جاسکتی ہیں۔

وفات کی اطلاع صرف قرب و جوار کے لوگوں کو ہوئی تھی' شہر کے باہر کسی کو اطلاع نہیں دی گئی تھی پھر بھی پانچ چھ ہزار لوگوں نے نماز جنازہ میں شرکت کی ۔

شیخ کو جس قبرستان میں دفن کیا گیا وہ ایک قدیم قبرستان تھا جس میں عرصے سے تدفین کا سلسلہ قانونی طور پر بند کر دیا گیا تھا بلکہ حکومت اس کو دوسری جگہ منتقل کرنے کی سوچ رہی تھی لیکن شیخ کی تدفین کے بعد حکومت نے یہ فیصلہ کیا کہ اب اس کے بعد اس میں کسی کو دفن نہیں کیا جائے گا ۔ اور قبرستان کو بھی منتقل نہیں کیا جائے گا۔

اھل و عیال : انتقال کے وقت شیخ کی اہلیہ ام الفضل بقید حیات تھیں ۔ اللہ تعالی نے شیخ کو کل سات لڑکے اور چھ لڑکیاں عطا کی تھیں ۔ لڑکوں کے نام ہیں : عبدالرحمٰن' عبداللطیف' عبدالرزاق' عبدالمصور' عبدالاعلی' محمد' عبدالمہیمن ۔ اور لڑکیوں کے نام یہ ہیں : انیسہ' آسیہ' سلامہ' حسان' سکینہ اور ہبۃ اللہ۔

شاگرد : شیخ کے شاگردوں کی بڑی تعداد ہے ۔ زندگی بھر شیخ کی رفاقت میں رہنے والوں میں سرفہرست محمد عید العباسی' مشہور حسن' علی حسن الحلبی' سلیم الہلالی' محمد بن موسی آل نصر وغیرہ ہیں اور یہ وہ نام ہیں جو علمی اور تحقیقی میدان میں محتاج تعارف نہیں ہیں ۔ شیخ کی وفات کے بعد آپ کے یہ وفادار شاگرد شیخ ہی کے نہج پر تحقیقی کاموں میں مصروف ہیں ۔ جنہیں دیکھ کر ایسے محسوس ہوتا ہے جیسے شیخ جاتے جاتے

زبان حال سے کہہ گئے ہوں:

سورج ہوں زندگی کی رمق چھوڑ جاؤں گا
میں ڈوب بھی گیا تو شفق چھوڑ جاؤں گا

ابن بازؒ کی دو عظیم شہادتیں: شیخ البانیؒ کی وفات پر عالم اسلام کی جانی مانی شخصیتیں اور بے شمار علماء نے اپنے درد و رنج کا اظہار کرتے ہوئے شیخ کی عظیم خدمات کو داد تحسین پیش کیا ہے۔ طوالت کے خوف سے صرف شیخ عبدالعزیز بن بازؒ کا تأثر پیش کیا جا رہا ہے تاکہ جنہیں ابن بازؒ کے فضل کا اعتراف ہے وہ بلاواسطہ نہ سہی بالواسطہ ہی شیخ البانیؒ کے فضل سے واقف ہو جائیں۔

شیخ ابن بازؒ شیخ البانیؒ کے علم وفضل اور تقوی وتدین کے معترف اور قائل تھے' دونوں کے درمیان بڑے گہرے تعلقات بھی تھے' کبھی کبھی مراسلت بھی ہوا کرتی تھی۔ شیخ ابن بازؒ نے شیخ البانیؒ کے تعلق سے دو عظیم شہادتیں دی ہیں۔ جو درج ذیل ہیں۔

پہلی شہادت یہ ہے کہ ایک مرتبہ کسی نے ابن بازؒ کے آگے البانی صاحب کا تذکرہ کرتے ہوئے کہا کہ ''محدث شام البانی نے فرمایا'' شیخ ابن باز نے فوراً ٹوکا اور فرمایا کہ شیخ البانی کو محدث شام نہ کہوں بلکہ محدث العصر کہو۔''

دوسری شہادت یہ ہے کہ شیخ ابن بازؒ سے پوچھا گیا کہ حدیث میں آتا ہے کہ ہر صدی کے آغاز میں ایک مجدد پیدا ہوتا ہے لہذا آپ کی نظر میں اس صدی کا مجدد کون ہے؟ شیخ ابن بازؒ کہنے لگے ''میرے خیال میں شیخ البانی اس حدیث کے مصداق اور مجدد ہو سکتے ہیں۔ واللہ اعلم'' دکتور عاصم نے باقاعدہ سند کے ساتھ یہ شہادت پیش کی ہے۔ نیز محدث یمن علامہ مقبل ابن ہادی الوادعی نے بھی شیخ کے تعلق سے ایسی ہی شہادت دی ہے۔

حرف آخر: شیخ البانیؒ کی وفات سے علمی میدان میں خصوصاً علم حدیث کے میدان میں جو خلاء پیدا ہوا ہے اس کا پر ہونا بہت مشکل ہے۔ کیونکہ آپ کی علمی قابلیت بےنظیر تھی اور آپ کی خدمات بھی بے مثال تھیں' آپ کی علمی خدمات کا یہ پہلو آپ کو اپنے ہم عصروں میں ممتاز کرتا ہے۔ آپ اپنی پچاسی سالہ زندگی میں امت کے لئے صدیوں کا علمی ذخیرہ فراہم کر گئے' آپ کو اور آپ کی خدمات کو آنے والی نسلیں کبھی فراموش نہیں کر سکتیں۔ آپ امت کو بہت کچھ دے گئے' خرافات کی بیڑیوں میں جکڑی ہوئی امت کو پیغام حقیقت دے گئے' ضعیف اور صحیح احادیث کی پہچان دے گئے' تحقیق وجستجو کا واضح منہج دے گئے' مسافر راہ حق کو منزل کا پتہ دے گئے' دعاۃ ومبلغین کے لئے حوصلہ مندی کا سبق دے گئے۔ غرض آپ امت کو وہ اصول دے گئے جو امت کی نشأۃ ثانیہ کے لئے سنگ میل ثابت ہوں گے۔ یلیت قومی یعلمون! کاش امت اپنے اس محسن کو پہچانے اور اس کے دئے ہوئے پیغام پر ٹھنڈے دل کے ساتھ غور کرے۔ ان فی ذلك لذکری لمن کان له قلب او القی السمع وهو شهید!

آپ کی شخصیت پر بہت کچھ لکھا گیا اور بہت کچھ لکھا جائے گا' آپ کے لئے یہ اعزاز ہی کیا کم تھا کہ آپ کی زندگی ہی میں آپ کی سیرت اور آپ کی خدمات پر دو ضخیم جلدوں پر مشتمل کتاب لکھی گئی اور اب کالیکٹ یونیورسٹی کیرلا میں بھی زکریا اصلاحی نامی محقق آپ کی شخصیت اور آپ کی علمی خدمات پر پی ایچ.ڈی کا مقالہ تیار کر رہے ہیں۔

شیخ البانی اور آپ کی علمی خدمات کے تعلق سے لکھا ہوا یہ مضمون صرف تعارفی نہیں بلکہ سبق آموز بھی ہے' مضمون کے اختتام پر

جہاں دل کو سرور ہے وہیں قلم کو اعتراف قصور بھی ہے کہ یقیناً شیخ کی ذات کے اور بہت سے پہلو آپ کی علمی خدمات کے اور بہت سارے گوشے ہیں جنہیں قید تحریر میں لانے سے قلم عاجز رہا ہے۔تاہم یہ قوی توقع ہے کہ جو کچھ لکھا گیا ہے اس کی روشنی میں اہل نظر حضرات کو شیخ کے حقیقی مقام کو سمجھنے میں مدد ضرور ملے گی۔یہی اس مضمون کا معاوضہ بھی ہے اور یہی اس کا مقصود بھی۔

دعا ہے کہ اللہ تعالی محدث العصر علامہ ناصر الدین البانیؒ کی مغفرت کرتے ہوئے آپ کی خدمات کو قبول فرمائے اور آخرت میں سنت نبوی کے اس مخلص خادم کو انبیا وصدیقین اور شہداء وصالحین کی رفاقت عطا کرے۔آمین ثم آمین

ربنا اغفر لنا ولاخواننا الذین سبقونا بالایمان ولا تجعل فی قلوبنا غلا للذین آمنو ربنا انك رؤف رحیم

❁❁❁

مؤلف بیک نظر

- عبدالعظیم عمری مدنی
- ۷/دسمبر ۱۹۷۷ء کو پیدا ہوئے۔
- ۱۹۸۵ء کے اواخر میں جامعہ دارالسلام میں داخلہ لیا۔
- ۱۹۹۶ء میں جامعہ دارالسلام سے سند فراغت حاصل کی۔
- ۱۹۹۸ء تا ۲۰۰۳ء الجامعۃ الاسلامیہ (مدینہ منورہ) میں زیر تعلیم رہے۔
- پہلا مقالہ راہ اعتدال میں ہندوستان کے غیر مسلموں میں دعوت وتبلیغ کے نام سے شائع ہوا۔
- ماہنامہ راہ اعتدال میں آج کل حدیث کے دروس کا سلسلہ جاری ہے۔
- اسلامی اور ادبی موضوعات سے دلچسپی ہے۔
- من ھو اللہ (عربی) کا اردو ترجمہ کر چکے ہیں۔
- رابطہ: مولانا عبدالعظیم عمری مدنی

جامعہ دارالسلام عمرآباد ۔۶۳۵۸۰۸ (تمل ناڈو)

ناصر الدین البانی
ترجمہ : طارق علی بروہی

عقل ایک محدود شئے ہے

سوال: آپ ایسے لوگوں کے بارے میں کیا کہتے ہیں جو کہتے ہیں کہ عقل مطلقاً ایک ممدوح (قابل تعریف) چیز ہے اور عقل مذموم (قابل مذمت عقل) نام کی کوئی چیز نہیں۔اس کی دلیل کے طور پر وہ یہ دعوی کرتے ہیں کہ قرآن مجید میں کوئی ایسی آیت نہیں جس میں کہا گیا ہو کہ عقل بھی مذموم ہو سکتی ہے بلکہ اس کے برعکس یہ موجود ہے کہ:

﴿ صُمٌّ بُكْمٌ عُمْیٌ فَهُمْ لَا یَعْقِلُوْنَ ﴾ (البقرہ: ۱۷۱)

(یہ لوگ بہرے، گونگے اور اندھے ہیں پس یہ لوگ نہیں سمجھتے)

جس کا مطلب یہ ہوا یہ جو "لایعقل" (جو سوچتے نہیں) فی الحقیقت عقل ہی نہیں رکھتے اسی لئے ثابت یہ ہوا کہ عقل کسی طور پر مذموم نہیں۔ پس اس سے انہوں نے یہ نتیجہ اخد کیا کہ ہمیں قرآن، سنت اور عقل کی طرف رجوع کرنا چاہیے چناچہ ان کے نزدیک یہ قرآن، سنت و عقل کی طرف رجوع نہ صرف برابر ہے بلکہ کبھی تو وہ اس کو ایک دوسری ترتیب دیتے ہیں یعنی پہلے عقل پھر قرآن وسنت، لہذا شیخ آپ کے اس بارے میں کیا رائے ہے؟

الشیخ: یہ تو محض الفاظ کے ساتھ کھیلنا ہے کیونکہ قرآن وسنت کے بارے میں ہر مسلمان جانتا ہے کہ اس کا اصل مصدر کیا ہے، جبکہ جہاں تک عقل کا تعلق ہے کیا آپ جانتے ہیں کہ یہ کہاں ہوتی ہے؟

سائل: جسمِ انسانی میں...

الشیخ: کیا یہ عقل ایک ہی انسانی جسم میں محصور ہوتی ہے؟

سائل: ظاہر بات ہے نہیں...

الشیخ: اور قرآن وسنت کے بارے میں کیا خیال ہے؟

سائل: وہ تو محصور ہے...

الشیخ: آپ نے کہا کہ عقل غیر محصور ہے تو ہم کس طرح ایک ایسی چیز کی جانب رجوع کریں جو کہ غیر محصور ہے! اسی وجہ سے میں نے پہلے ہی آپ سے کہا تھا کہ یہ لوگ محض الفاظ کے ساتھ کھیلتے ہیں۔ یہی حزبیت (جماعت پرستی) اور قرآن وسنت کا علم نہ حاصل کرنے کا نقصان ہے[1]۔

عقل کی اقسام

﴿ وَقَالُوا لَوْ كُنَّا نَسْمَعُ أَوْ نَعْقِلُ مَا كُنَّا فِي أَصْحَابِ السَّعِيرِ ﴾ (الملک: ١٠)

(اور وہ (جہنمی) کہیں گے اگر ہم سنتے اور عقل رکھتے ہوتے تو ہم جہنمی نہ ہوتے)

اس آیت سے یہ معلوم ہوا کہ عقل دو قسم کی ہوتی ہے:

١- عقل حقیقی

٢- عقل مجازی

عقل حقیقی:

یہ ایک مسلمان کی عقل ہے جو اللہ اور اس کے رسول ﷺ پر ایمان لاتا ہے۔

عقل مجازی:

یہ کفار کی عقل ہے کیونکہ انہی سے متعلق اللہ تعالی نے قرآن پاک میں فرمایا جیسا کہ پہلے بھی بیان ہوا:

﴿ وَقَالُوا لَوْ كُنَّا نَسْمَعُ أَوْ نَعْقِلُ مَا كُنَّا فِي أَصْحَابِ السَّعِيرِ ﴾ (الملک: ١٠)

(اور وہ (جہنمی) کہیں گے اگر ہم سنتے اور عقل رکھتے ہوتے تو ہم جہنمی نہ ہوتے)

اور اللہ تعالی نے کفار سے متعلق ایک عام قاعدہ بھی بیان کیا کہ:

﴿ وَلَقَدْ ذَرَأْنَا لِجَهَنَّمَ كَثِيراً مِّنَ الْجِنِّ وَالإِنسِ لَهُمْ قُلُوبٌ لاَّ يَفْقَهُونَ بِهَا وَلَهُمْ أَعْيُنٌ لاَّ يُبْصِرُونَ بِهَا وَلَهُمْ آذَانٌ لاَّ يَسْمَعُونَ بِهَا أُوْلَـئِكَ كَالأَنْعَامِ بَلْ هُمْ أَضَلُّ أُوْلَـئِكَ هُمُ الْغَافِلُونَ ﴾ (الاعراف: ١٧٩)

[1] "سلسلة الهدى والنور"، کیسٹ: (٧٣٨).

(اور ہم نے ایسے بہت سے جن اور انسان جہنم کے لئے پیدا کئے ہیں، جن کے دل ایسے ہیں جن سے یہ سمجھتے نہیں اور جن کی آنکھیں ایسی ہیں جن سے یہ دیکھتے نہیں اور جن کے کان ایسے ہیں جن سے یہ سنتے نہیں۔ یہ لوگ چوپایوں کی طرح ہیں بلکہ ان سے بھی زیادہ گمراہ ہیں۔ یہی لوگ غافل ہیں)

آپ نے ملاحظہ کیا ان کے دل ہیں مگر وہ اس سے سوچتے نہیں اسی لئے حق بات کو ان کے دل نہیں پہنچ پاتے۔ اگر ہم اس حقیقت کو سمجھ جائیں اور میں نہیں سمجھتا کہ اس میں کسی دو فریق کو اختلاف ہو کیونکہ یہ بالکل واضح اور واشگاف انداز میں قرآن وسنت سے ثابت ہے۔

مجھے مندرجہ بالا حقیقت کے نتیجے میں ظاہر ہونے والی ایک اور حقیقت کے انکشاف کا یہاں موقع دیں ... اگر کافر کی عقل حقیقی عقل نہیں تو پھر مسلمان کی عقل بھی مزید دو اقسام میں تقسیم ہوتی ہے:

١- ایک عالم کی عقل

٢- ایک جاہل کی عقل

ایک جاہل مسلمان کی عقل ایک مسلمان عالم کی عقل کے ہرگز برابر نہیں ان میں کوئی برابری نہیں۔ اسی وجہ سے اللہ تعالی کا فرمان ہے:

﴿ وَتِلْكَ الْأَمْثَالُ نَضْرِبُهَا لِلنَّاسِ وَمَا يَعْقِلُهَا إِلَّا الْعَالِمُونَ ﴾ **(العنکبوت: ٤٣)**

(ہم ان مثالوں کو لوگوں کے لئے بیان فرمارہے ہیں (مگر درحقیقت) انہیں صرف علم والے ہی سمجھتے ہیں)

اور اسی سبب سے اللہ تعالی نے ارشاد فرمایا:

﴿وَمَا أَرْسَلْنَا مِن قَبْلِكَ إِلَّا رِجَالًا نُّوحِي إِلَيْهِمْ فَاسْأَلُوا أَهْلَ الذِّكْرِ إِن كُنتُمْ لَا تَعْلَمُونَ﴾

(النحل: ٤٣)

(اور آپ ﷺ سے پہلے بھی ہم مردوں ہی کو بھیجتے رہے، جن کی جانب وحی اتارا کرتے تھے پس اگر تم نہیں جانتے تو اہل علم سے دریافت کرلو)

﴿وَمَا أَرْسَلْنَا مِن قَبْلِكَ إِلَّا رِجَالًا نُّوحِي إِلَيْهِمْ فَاسْأَلُوا أَهْلَ الذِّكْرِ إِن كُنتُمْ لَا تَعْلَمُونَ﴾

(الانبیاء: ٧)

(اور آپ ﷺ سے پہلے بھی ہم مردوں ہی کو بھیجتے رہے، جن کی جانب وحی اتارا کرتے تھے پس اگر تم نہیں جانتے تو اہل علم سے دریافت کرلو)

اسی لئے کسی سچے مسلمان کے لئے جو واقعی اللہ تعالی پر ایمان رکھتا ہے یہ قطعاً جائز نہیں کہ وہ اپنی عقل کو نقل (وحی) کے اوپر فیصل وحاکم بنائے بلکہ اس پر یہ واجب ہے کہ اللہ اور اس کے رسول ﷺ کے احکام کے آگے مکمل طور پر سر تسلیم خم کرے۔

حزب التحریر کا انحراف

یہاں ایک نقطہ ہے جو یہ ثابت کرتا ہے کہ حزب التحریر ایمان کی تعریف میں کس طرح معتزلہ سے متاثر ہے، جو کہ ان کی کتابوں جیسے ان کے لیڈر تقی الدین نبھانی کی کتاب میں تحریر ہے، جن سے میں ایک سے زیادہ بار مل چکا ہوں اور میں انہیں بھی اور حزب التحریر کے منہج کو بھی بہترین ممکنہ معلومات کے اعتبار سے جانتا ہوں۔ لہذا میں مکمل علم وبصیرت ہی سے کچھ بیان کروں گا۔ پہلی بات یہ ہے کہ انہوں نے عقل کو اس کے حقیقی مقام سے بڑھ کر مقام دیا، یہ کہنے سے میری مراد عقل کی اہمیت کا انکار نہیں جیسا کہ ہم پہلے ہی یہ بیان کر چکے ہیں۔ مگر عقل کا یہ مقام نہیں کہ وہ قرآن وسنت پر حاکم وفیصل بنے بلکہ اس کا یہ مقام ہے کہ وہ قرآن وسنت کے آگے مکمل تابعدار بنے۔ قدیم معتزلہ اسی نقطے پر گمراہ ہوئے جس کی بنا پر انہوں نے بہت سے شرعی حقائق کا انکار کیا۔ کیونکہ انہوں نے اپنی عقل کو قرآن وسنت کے نصوص پر حاکم بنایا، نتیجتاً انہوں نے ان کی تاؤیلیں، تحریفیں اور ردوبدل کیا یا پھر علماء کرام کی اصطلاح کے مطابق: "انہوں نے شریعت کو معطل کر چھوڑا"۔

حاکم اللہ تعالی اور پھر اس کا رسول ﷺ ہیں نہ کہ انسانوں کی عقل کیونکہ جیسا کہ ہم نے کہا ایک مسلم اور کافر کی عقل کے مابین ایک عظیم تفاوت ہے بلکہ خود ایک مسلمان عالم وجاہل کی عقل میں تفاوت ہے۔ چناچہ ایک مسلمان عالم کا فہم ایک جاہل مسلمان کے فہم کے برابر نہیں۔

اللہ تعالی نے فرمایا:

﴿ ... وَمَا يَعْقِلُهَا إِلَّا الْعَالِمُونَ ﴾ (العنکبوت: ۴۳)

(... انہیں صرف علم والے ہی سمجھتے ہیں)

اب سوال یہ پیدا ہوتا ہے کہ علماء کون ہیں؟ کیا یہ جو کافر (دنیاوی) علم رکھنے والے ہیں یہ علماء ہیں، ہرگز نہیں کیونکہ یہ تو کسی گنتی ہی میں نہیں آتے جیسا کہ پہلے بیان ہوا کہ یہ عقلاء (عقل مند و فہیم) نہیں، بلکہ یہ ذہین یا ہوشیار (ہنر مند) ہو سکتے ہیں جیسا کہ انہوں نے بہت سی چیزیں اس دنیا میں ایجاد کیں۔ مسلمان عالم و جاہل کی عقل برابر نہ ہونے پر مجھے ایک اور اضافہ کرنا پڑے گا کہ ایک مسلمان عالم باعمل اور ایک عالم بے عمل بھی برابر نہیں ہو سکتے۔ معتزلہ بہت سے شرعی اصولوں میں قرآن وسنت اور منہج سلف سے بھٹک گئے۔ یہ وہ پہلا نقطہ ہے حزب التحریر سے متعلق کے وہ عقل پر اس کی اصل حیثیت سے بڑھ کر اعتماد کرتے ہیں[1]۔

علم الکلام اور منطق کو عقیدے کی تعلیم کے خاطر استعمال کرنا

سوال: ان کا یہ دعوی ہے کہ انسان پر یہ واجب ہے کہ وہ اللہ تعالی کی معرفت سب سے پہلے عقل سے حاصل کرے اور یہ بھی دعوی ہے کہ علم الکلام و منطق عقیدے کی تعلیم دینے کا بہترین ذریعہ ہے[2]؟

الشیخ: اولاً: آپ کے اس دعوی کی قرآن وسنت سے دلیل درکار ہے:

﴿ قُلْ هَاتُوا بُرْهَانَكُمْ إِن كُنتُمْ صَادِقِينَ ﴾ (البقرہ: ۱۱۱)

(کہو کہ تم اپنی دلیل لاؤ اگر تم واقعی سچے ہو)

اور یہ ان کے لئے ناممکن ہے۔

ثانیاً: بلاشبہ ہر شخص کی عقل دوسرے سے یکسر مختلف ہے، مثلاً: یہود کی عقل نصاری کی عقل سے مختلف ہے، اسی طرح یہود ونصاری کی عقل مسلمانوں کی عقل سے مختلف ہے۔ خود مسلمانوں میں نیک

---

[1] "سلسلة الهدى والنور": (۷۴۰).

[2] ہمارے یہاں بھی متکلمین اشاعرہ وماتردیہ (دیوبندی وبریلوی) مکتبۂ فکر کے یہاں علم عقیدہ سے مراد علم الکلام لیا جاتا ہے، جو باقاعدہ ان کے نصاب میں علم المنطق وکلام کے نام سے شامل ہے۔ (مترجم)

مسلمان کی ایک گنہگار مسلمان سے عقل میں فرق ہے یہاں تک کہ ایک مسلمان عالم اور ایک جاہل مسلمان کی عقل میں بھی بہت تفاوت ہے اور اسی طرح کی لا متناہی مثالیں دی جاسکتی ہیں۔ چنانچہ وہ کون سی عقل ہے کہ جس کے ذریعے ہم اپنے رب کی معرفت حاصل کریں؟ اس قسم کا کلام کسی سمجھدار انسان سے متوقع نہیں۔

ثالثاً: اگر عقل ہی اللہ تعالی کی معرفت حاصل کرنے کے لئے کافی تھی تو پھر اتنا اختلاف کیوں ہے؟ اور اس سے یہ بھی لازم آتا ہے کہ انبیاء کرام علیہم السلام کو مبعوث کرنا اور کتابیں نازل کرنا یہ سب بیکار و بے مقصد تھا۔ سبحان اللہ! اللہ تعالی اس سے پاک و منزہ ہے (کہ ایسے عبس کام کرے)۔

﴿سبحانہ و تعالی عما یشرکون﴾

اور اسی طرح مندرجہ ذیل آیت بھی بے معنی ہو کر رہ جاتی ہے:

﴿ وَمَا كُنَّا مُعَذِّبِينَ حَتَّى نَبْعَثَ رَسُولاً ﴾ (الاسراء: ۱۵)

(اور ہم اس وقت تک عذاب دینے والے نہیں جب تک (اتمام حجت کے لئے) رسول نہ بھیج دیں)[1]

اب اگر عقل ہی اللہ تعالی کی معرفت حاصل کرنے کا معیار ہے تو اس میں ایک عظیم اختلاف پایا جاتا ہے، پھر وہ کیا معیار و کسوٹی ہے کہ جس کے باعث ہم ایک عقل کو دوسری عقل پر ترجیح دیں الا یہ کہ قرآن و سنت کی جانب رجوع کیا جائے۔

رابعاً: اگر عقل انسانی ایک دوسرے سے مختلف ہے اور ہمارے پاس ایسا کوئی پیمانہ نہیں کہ جس کے ذریعہ ہم ایک عقل کو دوسری عقل پر فوقیت دیں سکے تو ہمیں یہ معلوم ہونا چاہیے کہ اللہ تعالی نے انسانیت کو اس اختلاف سے نجات دینے کے لئے کتاب نازل فرمائی۔ اللہ تعالی اپنی کتاب کا وصف بیان کرتے ہوئے فرماتا ہے:

﴿ أَفَلَا يَتَدَبَّرُونَ الْقُرْآنَ وَلَوْ كَانَ مِنْ عِنْدِ غَيْرِ اللَّهِ لَوَجَدُوا فِيهِ اخْتِلَافًا كَثِيرًا ﴾ (النساء: ۸۲)

[1] اگر عقل ہی معیار حق ہے اور اللہ تعالی نے یہ نعمت سب کو عطا کی ہے تو پھر کیا وجہ ہے کہ حجت تمام نہیں ہوتی جب تک اللہ تعالی رسولوں کو مبعوث نہیں فرمالیتا؟ جیسا کہ ایک اور جگہ ارشاد فرمایا: ﴿ رُسُلاً مُبَشِّرِينَ وَمُنذِرِينَ لِئَلَّا يَكُونَ لِلنَّاسِ عَلَى اللَّهِ حُجَّةٌ بَعْدَ الرُّسُلِ وَكَانَ اللَّهُ عَزِيزًا حَكِيمًا ﴾ (النساء: ۱۶۵) ([ہم نے] بشارتیں دینے والے اور ڈرانے والے رسول بھیجے تاکہ لوگوں کی طرف سے اللہ تعالی پر کوئی حجت باقی نہ رہے، اور اللہ تعالی تو غالب ہے اور حکمت والا ہے) اس سے یہ ثابت ہوا کہ عقل نہیں بلکہ وحی حجت ہے۔ [مترجم]

(کیا یہ لوگ قرآن پر غور نہیں کرتے اگر یہ کسی غیر اللہ کی طرف سے ہوتا تو وہ یقیناً اس میں بہت اختلاف وتضاد پاتے)

ہمیں جو ان بہت سے تضادات کا سامنا ہے تو اس کا سبب صرف یہی ہے کہ ہم عقل کی جانب رجوع کرتے ہیں، لیکن اللہ تعالی نے تو ہماری یہ رہنمائی فرمائی ہے کہ:

﴿ فَإِن تَنَازَعْتُمْ فِي شَيْءٍ فَرُدُّوهُ إِلَى اللَّهِ وَالرَّسُولِ ... ﴾ (النساء: ۵۹)

(پس اگر تم کسی بات میں اختلاف کر بیٹھو تو اسے اللہ تعالی اور اس کے رسول کی طرف پھیر دو ...)

پس عقل کی طرف رجوع کرنا ایک ایسی چیز کی طرف رجوع کرنا ہے جو کہ غیر یقینی ہے اور ایک سے دوسرے شخص کے درمیان تفاوت پذیر ہے۔ اہل الکلام و منطق باز لوگوں کی گمراہی کی اور کوئی وجہ نہ تھی سوائے اس کے کہ انہوں نے اپنے رب کی کتاب سے اور اپنے نبی ﷺ کی سنت سے غفلت برتتے ہوئے اپنی عقل کو شریعت پر حاکم و فیصل بنایا[1]۔

کیا علم شرعی سائنسی تصدیق کا محتاج ہے؟

آج بہت سے لوگ اپنی علمِ شرعی میں کم مائیگی اور کم عقلی کی وجہ سے یہ سمجھتے ہیں کہ علم شرعی علم تجرباتی (سائنس) سے اخذ کیا جاتا ہے۔ اس کی ایک مثال یہ ہے کہ: اگر آج آپ ڈاکٹروں سے پوچھیں عقل کا مرکز کہاں ہے؟ صدر (سینے/دل) میں یا راُس (سر/دماغ) میں؟ تو وہ یقیناً آپ کو جواب دیں گے کہ سر میں، وہ یہ جواب اپنے علمِ تجرباتی کے ذریعہ دیں گے کیونکہ (ان کے نزدیک) کوئی انسان بے عقل یا پاگل دماغ میں کوئی خرابی پیدا ہونے سے ہی ہوتا ہے، (ان کے متعلق) یہ بات صحیح ہے یا نہیں؟ (بالکل صحیح ہے وہ ایسا ہی کہتے ہیں) تو (ان کے مطابق) ثابت یہ ہوا کہ عقل سر میں ہوتی ہے مگر یہ قرآن کریم کے خلاف ہے جہاں وہ فرماتا:

﴿ لَهُمْ قُلُوبٌ لَّا يَفْقَهُونَ بِهَا --- ﴾ (الحج: ۴۶) , (الأعراف: ۱۷۹)

[1] "سلسلة الهدى والنور"، کیسٹ: (۳۱۰).

(ان کے دل ایسے ہیں جن سے نہیں سمجھتے)[1]

یہ نہیں فرمایا: امر لھم رؤوس لایعقلون بھا (کیاان کے ایسے سر نہیں جن سے وہ سوچیں)

اور یہ ہر مسلمان کے لئے تنبیہ بھی ہے کہ مجھے ایک مسلم ہونے کے ناطے اس چیز کا اعتقاد رکھنا ہے جو اللہ تعالی نے فرمایا:

﴿ لَهُمْ قُلُوبٌ لَّا يَفْقَهُونَ بِهَا---﴾

اور اس کی تاکید خود رسول اللہ ﷺ نے اپنی مشہور حدیث کے ذریعہ فرمائی:

"أَلَا وَإِنَّ فِي الْجَسَدِ مُضْغَةً إِذَا صَلَحَتْ صَلَحَ الْجَسَدُ كُلُّهُ وَإِذَا فَسَدَتْ فَسَدَ الْجَسَدُ كُلُّهُ، أَلَا وَهِيَ الْقَلْبُ" (صحیح بخاری ۵۱) (خبردار! بیشک جسم میں ایک گوشت کالوتھڑا ایسا ہے کہ اگر وہ صحیح ہے تو سارا جسم صحیح ہے اور اگر اس میں فساد ہے تو سارے جسم میں فساد ہے اور جان لو کہ وہ لوتھڑا دل ہے)

پھر اللہ تعالی نے سابقہ آیت کی تاکید کرتے ہوئے فرمایا:

﴿فَإِنَّهَا لَا تَعْمَى الْأَبْصَارُ وَلَكِن تَعْمَى الْقُلُوبُ الَّتِي فِي الصُّدُورِ﴾ (الحج: ۴۶)

(بات یہ ہے کہ صرف آنکھیں اندھی نہیں ہوتیں بلکہ وہ دل اندھے ہو جاتے ہیں جو سینوں میں ہیں)

چنانچہ شرعی و نقلی اعتبار سے ہمارے لئے کوئی گنجائش نہیں کہ ہم یہ کہیں عقل سر یا دماغ میں ہے بلکہ وہ تو دل میں ہوتی ہے۔

(سلسلۃ الھدی والنور | کیسٹ رقم۔ ۶۴۴)

ترجمہ، جمع و ترتیب

طارق علی بروہی

---

[1] قرآن کریم کی صراحت کے عقل دل میں ہوتی ہے: ﴿ أَفَلَمْ يَسِيرُوا فِي الْأَرْضِ فَتَكُونَ لَهُمْ قُلُوبٌ يَعْقِلُونَ بِهَا أَوْ آذَانٌ يَسْمَعُونَ بِهَا فَإِنَّهَا لَا تَعْمَى الْأَبْصَارُ وَلَكِن تَعْمَى الْقُلُوبُ الَّتِي فِي الصُّدُورِ ﴾ (الحج: ۴۶)

(کیا انہوں نے زمین میں سیر و سیاحت نہیں کی جو ان کے دل ان باتوں کو سمجھنے والے ہوتے یا کانوں سے ہی ان (واقعات) کو سن لیتے، بات یہ ہے کہ صرف آنکھیں اندھی نہیں ہوتیں بلکہ وہ دل اندھے ہو جاتے ہیں جو سینوں میں ہیں)

﴿ وَلَقَدْ ذَرَأْنَا لِجَهَنَّمَ كَثِيراً مِّنَ الْجِنِّ وَالإِنسِ لَهُمْ قُلُوبٌ لَّا يَفْقَهُونَ بِهَا وَلَهُمْ أَعْيُنٌ لَّا يُبْصِرُونَ بِهَا وَلَهُمْ آذَانٌ لَّا يَسْمَعُونَ بِهَا أُولَٰئِكَ كَالْأَنْعَامِ بَلْ هُمْ أَضَلُّ أُولَٰئِكَ هُمُ الْغَافِلُونَ ﴾ (الاعراف: ۱۷۹)

(اور ہم نے ایسے بہت سے جن اور انسان جہنم کے لئے پیدا کئے ہیں، جن کے دل ایسے ہیں جن سے یہ سمجھتے نہیں اور جن کی آنکھیں ایسی ہیں جن سے یہ دیکھتے نہیں اور جن کے کان ایسے ہیں جن سے یہ سنتے نہیں۔ یہ لوگ چوپایوں کی طرح ہیں بلکہ ان سے بھی زیادہ گمراہ ہیں۔ یہی لوگ غافل ہیں) (مترجم)